ECONOMICS RULES
Why Economics Works, When It Fails, and How to Tell the Difference

经济学 好实用

如果没有被误读的话

[土耳其] 丹尼·罗德里克 著　刘波 译
Dani Rodrik

广西师范大学出版社
·桂林·

JINGJIXUE HAO SHIYONG

ECONOMICS RULES
Copyright © 2015, Dani Rodrik
All rights reserved.
本书译文由中信出版集团授权使用。
著作权合同登记号桂图登字：20-2023-022 号

图书在版编目（CIP）数据

经济学好实用：如果没有被误读的话 ／（土）丹尼·罗德里克（Dani Rodrik）著；刘波译. --桂林：广西师范大学出版社，2023.6
ISBN 978-7-5598-5992-1

Ⅰ.①经… Ⅱ.①丹… ②刘… Ⅲ.①经济学－通俗读物 Ⅳ.①F0-49

中国国家版本馆 CIP 数据核字（2023）第 068500 号

广西师范大学出版社出版发行
（广西桂林市五里店路 9 号　邮政编码：541004）
　网址：http://www.bbtpress.com
出版人：黄轩庄
全国新华书店经销
广西广大印务有限责任公司印刷
（桂林市临桂区秧塘工业园西城大道北侧广西师范大学出版社集团有限公司创意产业园内　邮政编码：541199）
开本：880 mm × 1 240 mm　1/32
印张：6.5　　　　字数：150 千
2023 年 6 月第 1 版　2023 年 6 月第 1 次印刷
定价：59.00 元

如发现印装质量问题，影响阅读，请与出版社发行部门联系调换。

序言与致谢

本书源起于我和罗伯托·达曼加贝拉·温赫尔（Roberto Mangabeira Unger）在哈佛大学共同执教了数年的政治经济学课。罗伯托以他无可比拟的方式，推动我奋力思考经济学的优势与弱点并详述我在经济学方法中找到的有用之处。罗伯托认为，经济学科已经变得贫瘠陈腐，因为它已放弃了亚当·斯密与卡尔·马克思式的宏大社会理论叙事。我则回应说，经济学的优势恰恰在于小范围内的理论化，也就是说结合具体条件进行思考，既能澄清因果关系，也能至少在一定程度上说明社会现实。我主张，与研究资本主义体系如何运行，或者是什么决定了全世界贫富分布的普适性理论相比，一门奉行谦逊原则的中庸学科，可能会更为有用。我没觉得说服了他，但我希望他将发现，他的论点的确对我有一些影响。

把这些想法以一本书的形式表达出来，要到我在普林斯顿高等研究院任职时才决定。我在 2013 年夏进入该院，度过了愉快的两年。我的大部分学术生涯都是在跨学科环境中度过的，而且我自认为即使不能说精通但也广泛涉猎了社会科学界的不同传统。但是，在该院的经历还是很开拓思维的。我的新家，该院的社会科学部，以人文主义和诠释性思路为基础，与经济学的经验实证主义形成鲜明对比。在与该部的许多来访者（来自人类学、社会学、史学、哲学、政治学以及经济学）交流时，我感受到大家潜意识中对经济学家的强烈怀疑。在他们看来，经济学家要么只是在表述显而易见的道理；要么是极为自不量力，试图用简单的框架来分析复杂的社会现象。我有时觉得，我们身边那几个经济学家被视为社会科学领域的偏科书呆子——擅长数学和统计学，其他方面没什么大用。

讽刺的是，此前我也见到过这种态度，只不过是反过来的。你可以和一群经济学家待在一起，看看他们是怎么说社会学或人类学的。在经济学家看来，其他社会科学的研究者绵软无力，缺乏条理，废话连篇，经验性（empirical）不够，或者是以另一种方式错误地沉溺在经验分析的陷阱里。经济学家知道如何思考，如何得出结论，其他领域的学者只是在转圈圈。所以，对于反过来怀疑经济学家的那种态度，我也本应有心理准备。

目睹高等研究院的学科纷争所产生的一个意外结果是，这让我更满意于自己的经济学家身份。多年来我一直质疑经济学同行思维狭隘，把自己的模型太当回事，对社会进程关注不够。但这时我觉得，许多来自外界的批评没有抓住要害。对于经济学家究竟在做什么这个问题，存在着太多的错误信息。我也不禁认为，其他社会科学的一些研究，如果能学习经济学的习惯,更注重分析性论证与证据,也许效果更好。

但是,同样明显的是,对于当前的事态,经济学家不应归咎于他人,而应反思自身。问题不仅仅在于经济学家志得意满的情绪,以及常常以固定方式看待世界的教条思维。问题还在于,经济学家没能很好地向世人呈现经济学。本书的很大一部分是要说明,经济学包含着纷繁复杂而且还在不断演化的分析框架,这些框架对世界的运行方式有着不同的解读,对公共政策具有多种多样的含意。但是,非经济学家通常从经济学界听到的声音,就像是一种诉诸市场、理性与自私行为的教条化万能药。经济学家擅长对社会生活做出具体化解释,明确阐述在不同的背景条件下,市场(以及政府对市场的干预)对效率、公平和经济增长的不同影响。但在人们看来,经济学家常常是在宣称不受具体条件约束、处处适用的普适经济法则。

我觉得需要有一本书来弥合这个裂痕,既给经济学家看,也给非经济学家看。我向经济学家传递的信息是,他们需要更好地讲述自己研究的学科。我将提供另一种分析框架:一方面强调经济学界已有的有益工作,另一方面说明经济学研究者容易跌入的陷阱。我向非经济学家传递的信息是,用这种不同的分析框架来看,许多对经济学的常见批评都是错误的。经济学有许多应受批评之处,但也有很多值得欣赏和效仿之处。

普林斯顿高等研究院是撰写本书的绝佳场所,这体现在许多方面。它有寂静的树林、美妙的餐饮和不可思议的资源,真是学者的天堂。研究院同事达妮埃尔·阿朗(Danielle Allen)、迪迪埃·法桑(Didier Fassin)、琼·斯科特(Joan Scott)和迈克尔·沃尔泽（Michael Walzer）都激励了我对经济学的思考，并以其严苛的高学术标准，为我提供了灵感。我的学术助理南希·科特曼（Nancy Cotterman）除了极有效率的行政支持之外，还对本书稿提出了有益的反馈。我要感谢研究院的领导层，尤其是院长罗贝特·戴克赫拉夫（Robbert Dijkgraaf），他把我接纳为这个非凡的学术共同体的一员。

安德鲁·怀利（Andrew Wylie）的指导和建议确保本书稿最终交给了正确的出版社——W. W. 诺顿。诺顿出版社的布伦丹·柯里（Brendan Curry）是一位很好的编辑，斯蒂芬妮·希伯特（Stephanie Hiebert）一丝不苟地对书稿做了文字编辑。他们都以各种方式提升了本书的品质。我要特别感谢阿维纳什·迪克西特（Avinash Dixit），他身上集中了我在本书中讨论的经济学家的美德，他对本书做了详细的点评和建议。我的朋友和写作伙伴沙伦·穆坎德（Sharun Mukand）、阿尔温德·苏布拉马尼安（Arvind Subramanian）慷慨地奉献了他们的时间，并以他们的想法和贡献帮助塑造了本书的全貌。最后但同样重要的感谢，也是我最大的歉疚，和往常一样，要给予我的妻子皮纳尔·多安（Pinar Dogan），她一直爱我、支持我，同时还帮助我厘清了对经济学概念的说明与论证。

目 录

序言与致谢 / 1

导言　经济学理论的利用与误用 / 1

第一章　模型的用途 / 7
　　模型的多样性 / 9
　　作为寓言的模型 / 14
　　作为实验的模型 / 17
　　不符合现实的假设 / 20
　　数学与模型 / 24
　　简单还是复杂 / 30
　　简单性、实用性和真实性 / 35

第二章　经济学建模科学 / 37
　　澄清假说 / 38
　　当直觉误导我们的时候 / 46
　　经济科学的进步方式：不同时候用不同的模型 / 52
　　模型与经验模型 / 59
　　模型、权威与等级 / 62

错误与"连错都不算" / 66

第三章 如何选择模型 / 69
对增长战略的诊断 / 72
模型选择的一般原理 / 78
验证关键假设 / 78
验证机制 / 82
验证直接含意 / 83
验证附带含意 / 90
再论外部有效性 / 92

第四章 模型与理论 / 95
价值与价值分配理论 / 98
商业周期和失业理论 / 105
作为解释具体事件的理论 / 114
理论其实只是模型 / 119

第五章 当经济学家犯错时 / 121
忽略之错：2008年金融危机 / 125
执着之错：华盛顿共识 / 131
经济学的心理学和社会学 / 137
权力与责任 / 142

第六章　经济学及其批评 / 145

重新思考常见的批评 / 146

价值观问题 / 152

欠缺多样性 / 161

雄心与谦逊 / 170

跋　二十诫 / 175

经济学家十诫 / 175

非经济学家十诫 / 176

注释 / 177

导　言　经济学理论的利用与误用

1944年7月，44个国家的代表在新罕布什尔州的布雷顿森林开会，构建战后国际经济秩序。在三周后离开时，他们已设计了一套将维持三十多年的全球体系的宪章。这套体系是两位经济学家智慧的产物：英国经济学巨擘约翰·梅纳德·凯恩斯和美国财政部官员哈里·德克斯特·怀特（Harry Dexter White）*。

凯恩斯和怀特在很多问题上都有分歧，尤其是在涉及国家利益的时候，但他们有一种共同的、由两次大战期间的历史所塑造的思维模式。他们的目标是避免金本位制末期的动荡与大萧条。他们都认为，实现这一目标需要：固定汇率制（但一

---

* 怀特是否为苏联间谍，一直争议不断。对怀特非常不利的著作是 Benn Steil 的 *The Battle of Bretton Woods: John Maynard Keynes, Harry Dexter White, and the Making of a New World Order*（Princeton, NJ：Princeton University Press, 2013）。反面的观点则可参见 James M. Boughton, "Dirtying White：Why Does Benn Steil's History of Bretton Woods Distort the Ideas of Harry Dexter White?", *The Nation*, June 24, 2013。无论这件事的实情如何，很明显的是，在"二战"结束后的几十年里，国际货币基金组织和世界银行很好地服务于美国及其他西方国家的经济利益。

定情况下可以调整）；国际贸易而非资本流动的自由化；各国货币与财政政策发挥更大的作用；通过两个新国际机构加强国际合作，这两个机构就是国际货币基金组织和国际复兴开发银行（即后来的世界银行）。

事实证明，凯恩斯和怀特设计的机制非常成功。无论对发达市场经济体，还是对后来逐渐独立的许多国家而言，它都开启了一个史无前例的经济增长与稳定的时代。最终在20世纪70年代，投机性资本流动的滋长破坏了这个体系，对此凯恩斯早有警告。但它一直是全球机制设计的典范。每当世界经济动荡时，改革者的动员口号都是"建立新的布雷顿森林体系！"

1952年，哥伦比亚大学经济学家威廉·维克里建议纽约市地铁采取一套新的计价系统。他提议，在高峰时间和客流量多的路段提高交通费，在其他时间、其他路段降低交通费。这套"拥堵定价"系统不过是把经济学的供求定律应用于公共交通领域。差别定价将使时间需求更灵活的旅客有动力避开高峰时段。这将使客流量逐渐变得均衡化，既降低地铁系统的压力，又实现更大的总客流量。维克里后来还为公路和汽车交通建议了一套类似的收费体系。但是当时很多人认为他的想法不切实际、无法实行。

后来新加坡首先把拥堵定价理论付诸实践。从1975年开始，进入市中心商业区的司机需要交费。1998年一套电子收费体系将其取代。新体系可以根据不同司机在道路网内的平均行驶速度，对其征收不同的费率。所有记录都显示，这套体系缓解了交通拥堵，提高了公共交通设施的利用率，降低了碳排放，而且为新加坡政府创造了可观的财政收入。其成功引来伦敦、米兰、斯德哥尔摩等大城市效仿，在实施中各有一些具体的改良。

1997年，在祖国墨西哥担任助理财政部长的波士顿大学经济学教授圣地亚哥·莱维（Santiago Levy），试图改变墨西哥政府的减贫思路。当时的减贫项目主要是以食品补贴的形式补助穷人。莱维认为这些项目效率低、效果差。经济学的一个核心信条是，对于穷人的福利而言，直接的现金补贴要比特定消费品补助更有效。此外，莱维还觉得，他能利用现金补贴作为杠杆，提升穷人的健康和教育水平，比如，通过向母亲提供现金，要求她们确保子女入学、得到医疗服务。用经济学家的行话来说，这样的项目能给予母亲激励机制，促使其投资于子女的未来。

Progresa（后相继改称为Oportunidades和Prospera）是发展中国家实行的第一个大型的有条件现金转移支付（CCT）项目。除了这套准备渐进推行的项目之外，莱维还设计了一套巧妙的执行方案，可对该项目有效与否进行精准评估。该项目只是基于简单的经济学原理，但它使决策者思考减贫项目的方式发生了革命性变化。随着积极效果的显现，该项目成为其他国家的范本。巴西和智利等十几个拉美国家最终都发起了类似项目。甚至纽约市也在迈克尔·布隆伯格市长主持下，启动了一项试验性的有条件现金转移支付减贫项目。

以上是三种经济学思想在三个不同领域的应用，分别是世界经济、城市交通和减贫计划。在每个案例中，经济学家都通过把简单的经济学分析框架应用于公共问题，重塑了世界的一部分。这些案例呈现了经济学的最佳效果。此外还有很多例子：运用博弈论设计通信频段的拍卖体系；帮助医疗界分配住院医师的市场设计模型；支持竞争与反垄断政策的产业组织模型；近年来宏观经济学理论的发展使世界各国央行广泛接受了通胀目标制。[1]当经济学家得出正确的理论时，世界也变得更美好。

但是，正如本书的很多例子将要表明的，经济学家也经常失败。我写作本书的目的，是试图解释，为什么经济学有时做得对，有时做得不对。"模型"——经济学家用于理解世界的通常是数学化的抽象分析框架，是本书论述的核心。模型既是经济学的力量所在，也是它的"阿喀琉斯之踵"。正是模型使经济学成为一门科学，虽然不是量子物理或分子生物学意义上的科学，但依然是一门科学。

经济学包含各种模型，而不是单一的特定模型。经济学通过扩大模型的数量、提高模型与现实世界的拟合程度而不断进步。因为人类社会的灵活性，经济学模型必须是多样化的。不同的社会条件需要不同的模型。经济学家永远不可能发现普适的通用模型。

但是，部分由于经济学家把自然科学当作榜样，他们有误用模型的倾向。他们常常会把某个模型误解为在任何条件下皆适用的唯一模型。经济学家必须克服这种倾向。他们必须根据条件变化、根据关注对象的变化而谨慎选择模型。他们需要学习如何更自如地在不同模型之间转换。

本书既赞赏也批评经济学。我为经济学的核心辩护是：经济学模型在知识创造中扮演着重要角色。但是，我批评经济学家在实践中常犯的方式性错误，即他们对模型的误用。我提出的观点并不是经济学家的普遍看法。我怀疑很多经济学家不同意我对经济学的批评，尤其是我对经济学学科性质的看法。

在与许多非经济学家及其他社会科学研究者交流时，我常常困惑于外界对经济学的看法。很多抱怨司空见惯：经济学是简单化和与世隔绝的；它提出普适性断言，忽视了文化、历史及其他背景条件的作用；它将市场这个抽象概念视为现实；它充满了潜在的价值判断；它未能解释和预测经济的发展状况。这些批评中的每一项，很大程度上都是由于未能认识到经济学其实是多种模型的结合体，这些模型没有特定的意识形态倾向，也不导向固定的结论。但是，当经济学家未能在自己的职业中展现这种多样性的时候，他们当然就要自负其责。

从一开始就要澄清的另一点是，人们已经开始在两种意义上使用"经济学"一词。一种定义基于具体研究领域。按照这种定义，经济学是研究经济如何运行的社会科学。第二种定义是基于方法：经济学是一种运用特定工具研究社会科学的方式。根据这一定义，经济学的特征是形式化的建模与统计分析，而不是与经济有关的具体的假说或理论。因此，经济学方法可应用于经济之外的方方面面，从家庭内部决策到政治制度方面的问题。

我主要在第二种意义上使用"经济学"一词。我对模型的好处及其错误应用的所有论述，都同样适用于以模型方式开展的政治学、社会学或法学研究。目前公共讨论中的一个趋势是，只把这些方法与所谓的"魔鬼经济学"（Freakonomics）联系起来。由经济学家史蒂芬·列维特普及的这种思维，已被用于解释各种社会现象，从相扑选手的比赛，到公立学校教师的欺诈行为，都运用谨慎的经验分析和以激励机制为基础的推理。[2]一些批评者认为，这种做法让经济学琐碎化，只关注经济学方法的世俗、日常应用，而回避了经济领域的重大问题：市场何时有效、何时失灵，推动经济增长的因素是什么，充分就业与物价稳定如何协调，等等。

在本书中，我只集中于这些更为重大的问题，说明经济学模型如何帮助我们理解这些问题。我们不能期待经济学提供普适性解释或放之四海而皆准的药方。社会生活的可能性太丰富，不能用固定化的框架来解释。但每个经济学模型都像一份小地图，显示部分山川河谷。放在一起，经济学家的模型就是我们认识无穷无尽的社会经验山川河谷的最佳指南。

第一章　模型的用途

出生于瑞典的经济学家阿克塞尔·莱永胡武德（Axel Leijonhufvud）在1973年发表了一篇小文"经济学人的生活"。这是一篇风格欢快的嘲讽体寓言，详细记述了经济学人部落的流行行为、地位关系和禁忌。莱永胡武德写道，"经济学人部落"的特征是痴迷于他所称的"模子"（modls），即经济学家的职业工具，格式化的数学模型。尽管模子没有明显的实际用处，但它装饰得越华丽堂皇，持有者的地位就越高。莱永胡武德写道，正因为经济学人看重模子，所以他们很鄙视其他部落的人，如"社会学人""政治学人"，因为他们不做模子。*

40多年后的今天，莱永胡武德的话仍然适用。攻读经济学主要是学习一系列的模型。决定一个人在经济学界的地位，

---

* Axel Leijonhufvud, "Life among the Econ", *Western Economic Journal* 11, no. 3 (September 1973): 327. 此文发表后至今，其他社会科学尤其是政治学对模型的使用已变得更常见。

也许最重要的是看他有多大能力开发新模型，或者结合新证据来运用已有模型，以说明一部分社会现实。经济学界最激烈的学术争论，都是围绕着某个模型的可适用性展开的。如果你想给一个经济学家造成痛苦的伤害，只要说一句"你没有模型"就够了。

模型是骄傲的来源。跟经济学家待在一起，不久你就会发现他们的杯子上、T恤上都印着"模型是经济学家的工具"（Economists do it with models）。你还会觉得，与骑上真实世界的骏马出门闲游相比，他们很多人会从琢磨这些数学工具里得到更多快乐。（我的妻子，也是一位经济学家，有一次在期末收到学生送的礼物，就是一个印有这类话的杯子。这里没有性别歧视的意思。）

在批评者看来，经济学家对模型的依赖，是经济学几乎所有问题的症结所在：把复杂的社会生活简化为一些简单的关系，轻易做出明显不符合现实的假设，过度追求数学的严谨性而不顾现实，经常从典型化的抽象推导直接跳到政策结论。他们觉得难以置信的是，经济学家会以纸面上的方程式为依据，马上就开始鼓吹自由贸易或某种税收政策。另一项指责断言，经济学家把平常的东西复杂化了。经济学模型用数学形式包装常识。一些最激烈的批评者是决定脱离正统理论的经济学家。据说异端经济学家肯尼斯·鲍尔丁（Kenneth Boulding）曾说："数学使经济学严谨，但不幸的是它也带来了尸斑。"剑桥大学经济学家张夏准说："95%的经济学都是常识，只是在行话和数学的包装下显得艰深。"[1]

但事实上,经济学家构建的简单模型,对于理解社会运行绝对很重要。模型的简单化、形式化和对许多现实的忽略,恰好是其价值所在。这些是模型的特征而非缺陷。如果一个模型反映了部分现实,它就是有用的。如果一个模型反映了给定条件下最重要的现实,它就是不可或缺的——前提是用得好。不同的背景条件,如不同的市场、社会条件、国家、时期等,需要不同的模型。而经济学家经常在这个问题上出错。他们经常放弃经济学最有价值的贡献,即适用于不同条件的多种多样的模型,而试图寻找唯一通用的模型。经济学家如能明智地选择模型,就有助于解释现实,如果教条地应用模型,就会导致傲慢和政策失误。

模型的多样性

经济学家设计模型来反映社会交往的显著特征。这样的交往通常发生在商品和服务市场。经济学家倾向于对市场做相当宽泛的理解。买家和卖家可以是个人、企业或其他集体组织。几乎任何东西都可成为商品和服务,包括政治职位、地位等不存在市场价格的东西。市场可以是本地市场、地区市场、全国市场或国际市场。市场可以是有形的,如集市;也可以是虚拟的,如远程商务。经济学家通常关注市场的运行情况:市场是不是有效利用了资源;市场能不能改进,如何改进;交易收益是如何分配的。不过,经济学家也会用模型来说明其他机制的运行情况,如学校、工会、政府等。

然而,究竟什么是经济模型呢?最便捷的解释是,模型是对事物的简化,通过剔除干扰因素,来表现某种具体机制如何运行。模型集中分析特殊原因,研究这些原因如何在某个体系中产生效果。建模者构建一个虚拟的世界,揭示整体的不同部分之间某些类型的联系,这些联系是你在看这个无比复杂的现实世界时难以觉察的。经济学中的模型与医生、建筑师使用的物理模型没有区别。你在医生办公室看到的呼吸系统的塑料模型,就只显示肺的细节,而忽略身体的其他部位。建筑师可能造一个模型来反映某栋房屋周边的地貌,或显示屋内布局。经济学家的模型与此类似,只不过不是物理的,而是用语言和数学来象征性地表现的。

经济学最常用的模型是供求模型,这是每个经济学初学者都熟悉的。它表现为一条向下倾斜的需求曲线和一条向上倾斜的供给曲线的交叉,两个坐标轴代表价格和数量。* 它所代表的虚拟世界是经济学家所说的"完全竞争市场",其中有大量的消费者和生产者,都追求各自的经济利益,没人有能力影响

---

* 供求关系图和两条交叉的曲线,似乎最早出现在 1838 年法国经济学家古诺的一本书里。古诺今天更多以对双寡头垄断的研究而为人所知,而供求曲线通常被归功于 1890 年阿尔弗雷德·马歇尔所著的流行教科书。参见 Thomas M. Humphrey, "Marshallian Cross Diagrams and Their Uses before Alfred Marshall: The Origins of Supply and Demand Geometry," *Economic Review* (Federal Reserve Bank of Richmond), March/April 1992, 3-23。

市场价格。这个模型忽略了很多因素：人可能有物质动机之外的动机；情绪或者错误的认知惯性可能遮蔽理性；有些生产者的行为可能是垄断性的，等等。但是，它的确能说明现实市场经济的一些简单的运行原理。

一些原理显而易见。例如，生产成本的提高会推高市场价格，降低需求量和供给量。又如，如果能源成本上升，那么公用事业账单会增加，家庭就会找别的办法来节省取暖费、电费。但另一些机理就不是显而易见的了。例如，对某种商品（如石油）的生产者还是消费者征税，与最终谁会支付税收无关。税收可能是针对石油企业的，但最终消费者会在加油站以更高价格的方式支付税收。或者，税收的额外成本可能以销售税形式转嫁给消费者，但石油企业最终可能被迫以降价方式抵消这些成本。这都取决于需求和供给的"价格弹性"。如果再加上一长串的额外假设（后文将详述），这个模型还可以对市场运行效率做出相当有力的判断。具体而言，竞争性市场经济的有效性在于，在不降低一个人的福利的情况下，不可能提升另一个人的福利（即经济学家所说的"帕累托效率"）。

再来考虑一个非常不同的模型——"囚徒困境"。它源于数学家的研究，但现在已是很多当代经济学研究的基础。它通常这么表述：两个囚徒中如果有任何一个认罪，两人就都会受到惩罚。我们来把它表述为一个经济学问题。假设两家相互竞争的企业必须决定是不是要拨出一大笔广告预算。做广告将使一家企业抢走另一家企业的部分客户。但如果两家都做广告，对客户需求产生的作用就将抵消，两家企业最终将白花钱。我们可能会觉得,两家企业都不会花大笔钱做广告,但该模型显示,这个逻辑是错误的。如果两家企业都独立做决策,只考虑自己的利润,那么每一家都有做广告的动力,不管对方如何做。* 因为假如对方不做广告,我做广告,我就可以抢走对方的客户;假如对方做广告,我也必须做广告,以避免我的客户流失。于是两家企业最终会陷入一种坏的均衡状态,都不得不浪费资源。与上一段描述的市场不同,这个市场根本不是有效率的。

这两个模型的明显区别是,一个模型描述的场景里有很多市场参与者(如橘子市场),而另一个是两家大企业的竞争(如两大飞机制造商波音和空中客车)。但不能认为这个区别是导致两个市场效率不同的唯一原因。每个模型内在的其他假定,也发挥了影响。如果剔除这些通常隐含的其他假定,就会导致不同的结果。

再看第三个模型,它对市场参与者数量采取不可知论的态度,但也导出了极为不同的结论。我们可称之为"协作模型"。一家企业(或者多家企业,数目不重要)在考虑要不要投资造船。它知道,如果它能制造足够多数量的船,投资将有利可图。但一种关键的生产原料是低成本的钢,而钢必须在附近生产。该企业最终的决策是:如果附近有钢厂,就投资造

---

* 严格来说还需要另一个假定:两家企业彼此无法做出可信承诺,即未来不会反悔的承诺。例如,每家企业可能都愿意向对方承诺不做广告。但这些承诺是不可信的,因为不管对方怎么做,每家企业都能从做广告中获益。

船，如果没有就不投资。我们再考虑该地区潜在的钢厂投资者的思维。我们假设潜在的钢消费者只有造船厂。造钢企业会发现，如果附近有一家买钢的造船厂，它们将获益，如果没有则不获益。

在这种情况下，有两种可能的结果，即经济学家所说的"多重均衡"。"好"结果是，造船和造钢的投资都做了，造船厂和钢厂最终都获利，皆大欢喜，均衡达成。"坏"结果是，两种投资都没做。这也是一种均衡，因为一方不投资的决策，会强化另一方不投资的决策。如果没有造船厂，钢厂就不会投资，如果没有钢，造船厂也不会建。这个结果基本上与潜在的市场参与者数目无关，而取决于三个关键因素：（1）存在规模经济效应（即有利可图的经营需要一定的规模）；（2）钢厂和造船厂相互依赖；（3）该地区不存在其他的市场和原料来源（如无法通过对外贸易获得钢）。

三种不同的模型，蕴含着市场有效（或无效）运作的三种可能。没有哪种是对的或错的。每种都代表了可能在现实经济中行之有效的重要机制。我们已经看到，如何选择"对"的模型，即最符合条件的模型，是非常重要的。人们通常以为经济学家都是条件反射式的市场原教旨主义者，认为任何问题的解决途径都是自由市场。许多经济学家也许有这种倾向，但这绝不是经济学的教导。对几乎所有经济学问题而言，正确的回答是：要取决于具体情况。不同的情况需要不同的模型。

模型的作用不仅在于它能警示我们事情可能走向不同的方向，其用处还在于，它能准确地告诉我们，潜在的结果取决于哪些因素。我们来看一些重要的例子。设置最低工资会降低还是提高就业？答案取决于个体雇主将以竞争性还是非竞争性的方式行事（即他们能否影响本地的工资水平）。[2]资金流入一个新兴市场经济体会提高还是降低其经济增速？答案取决于制约该国经济增长的原因是缺少可投资的资金，还是高税收等所导致的低利润率。[3]削减政府财政赤字会阻碍还是刺激经济？答案取决于社会信用程度、货币政策和汇率制度。[4]

每个问题的答案都取决于一些重要的现实特征。模型强调这些特征，并揭示它们如何影响结果。对于每个问题，都有一个标准模型，可导出常见的回答：设置最低工资会导致就业减少，资本流入会促进经济增长，削减赤字会导致经济活动减少。但这些结论只在其关键假设——上文提到的真实世界的特征——大体符合现实的情况下才会成立。如果不符合，我们就要依赖以其他假设为前提的模型。

后文我将探讨关键假设，并举出更多经济模型的例子。但我先用几个比方来解释模型及其作用。

作为寓言的模型

我们可以把模型看作寓言。寓言故事通常围绕几个主要角色展开，他们生活在一个未被命名但常见的地方（如村庄、森林），其行为和互动的结果能给人某种启示。这些角色可以是人，也可以是拟人化的动物或无生命体。寓言本身就是一种简化：对故事发生环境的交代很简略，驱动角色行为的是常见的动机，如贪婪或嫉妒。寓言几乎从不试图成为现实，并以此来全面描绘其角色的生活。它牺牲现实性和模糊性，以追求故事情节的清晰性。很重要的是，每个寓言都有明晰的寓意：善莫过于诚实，笑到最后的人笑得最好，痛苦的人也希望别人不幸，不要落井下石，等等。

经济学模型与此类似。它们是简单的，置于抽象背景之中的。它们不宣称自己的许多假设是现实的。经济学模型虽然看起来包含着真实的人和企业，但以典型化的方式描述主要角色的行为。无生命体（如"随机冲量""外生变量""自然"）经常出现在模型中，驱动角色的行为。模型的叙述围绕着清晰的因果关系和假设关系。模型的寓意（经济学家称为政策含义）通常也是很清晰的：自由市场是有效的，策略性互动中发生的投机行为会损害所有人的利益，激励机制很重要，等等。

寓言短小精悍，传达清晰的信息。龟兔赛跑的故事让人深切认识到稳扎稳打的重要性。这则寓言已成为一种快速阐释方式，被应用于多种类似场景。把经济学模型比作寓言，似乎贬低了其"科学"地位。但经济学的一部分吸引力恰恰在于，它的效应与寓言完全一样。一个学习了竞争性供求曲线的学生，内心会对市场的力量保持长久的尊重。一旦想通了囚徒困境，你对合作问题的理解会完全改观。人们即使忘了模型的细节，也会将模型作为理解和解释世界的模板。

最好的经济学家也没有忘记这种相似性。在自我反思时，他们都会承认，他们写下来的抽象模型其实就是寓言。如卓越的经济学理论家阿里尔·鲁宾斯坦所说的，"'模型'一词听起来比'寓言'或'童话'更科学，（但）我看不出它们有多大的区别。"[5] 用哲学家阿伦·吉伯德（Allan Gibbard）和经济学家哈尔·范里安的话说，"（一个经济）模型总是在讲一个故事。"[6] 科学哲学家南希·卡特赖特（Nancy Cartwright）用"寓言"来形容经济学和物理学模型，不过她觉得经济学模型更像以人为主角的寓言。[7] 卡特赖特说，与寓意清晰的寓言不同，对经济学模型需要做很谨慎的解读，才能得出政策含意。这样的复杂性是由于每个模型只反映了有前提条件的真相，其结论只适用于具体背景。

但在这一点上，用寓言来比喻模型是很有用的。寓言的数量无穷无尽，每则寓言都提供了不同条件下的行为指导，放在一起时，经常呈现自相矛盾的寓意。一些寓言赞颂信任与合作，另一些则建议自力更生。一些寓言赞扬提前准备，另一些则警告过度规划的害处。一些寓言主张及时行乐，另一些则主张未雨绸缪。有朋友是好事，但朋友太多也不是太好。每则寓言的寓意都是明确的，然而放在一起看，寓言却使人犹豫不决。

所以我们需要运用判断力，根据特定情况选择寓言。运用经济学模型也需要同样的辨别力。我们已经看到，不同模型会得出不同结论。自利行为可能导致效率（完全竞争市场模型），也可能导致浪费（囚徒困境模型），这取决于背景条件。像寓言一样，从已有的相互矛盾的各种模型里合理选择，需要良好的判断。幸运的是，证据可以为筛选模型提供一些有益的指导，不过这个过程还是比科学更复杂（见第三章）。

作为实验的模型

如果把模型比作寓言没有吸引力，你可以把模型看作实验。这也许是一个惊人的类比。如果把模型比作寓言显得太简单化，比作实验又似乎是给它披上了过于华丽的科学外衣。毕竟，在许多文化里，实验是最可敬的科学活动。穿白大褂的科学家通过实验寻找世界运行的"真理"，检验特定的假说是否正确。经济学模型难道能与之相比吗？

但我们不妨考虑一下实验的实质是什么。实验室是一个人为建造的环境，用于将实验涉及的物质与真实世界的环境相隔绝。研究者设计出实验环境，以把假设的因果关系链凸显出来，并将这一过程与其他潜在重要影响隔离开来。例如，当重力成为扰乱因素时，研究者就在真空中做实验。如芬兰哲学家乌斯卡里·迈凯（Uskali Mäki）解释的，经济模型的创建者事实上也是在采取类似的绝缘、隔离与识别方法。它们的主要区别是，实验是有目的地操纵物理环境，以实现观察因果关系所需的隔离,而模型则是操纵其所使用的假设。* 模型通过构建思想环境来检验假说。

你也许会反驳说,实验的环境虽然是人造的,但过程依然是在现实中发生的。在至少一个环境中,我们知晓它是否有效。相比之下,经济学模型则是彻底的人造物,只在人的头脑中展开。但是,这一区别也许只是程度上的,而不是本质上的。实验结果也需要一定的推演,才能应用于现实。在实验室里有效的东西也许在其他地方无效。例如,进行实验时如果不考虑某些现实条件,某种药品可能变得没有疗效。

这就是科学哲学家所说的内部有效性与外部有效性的区别。如果一个实验设计严密,能成功地在具体条件下查明因果关系,它就有高度的"内部有效性"。但其"外部有效性"取决于其结论是否能脱离实验条件,适用于其他环境。

在现实中而非实验室里进行的所谓"田野实验"(field experiments),也面临着这一挑战。近年来这样的实验在经济

---

* Uskali Mäki, "Models Are Experiments, Experiments Are Models," *Journal of Economic Methodology* 12, no. 2 (2005): 303-315. 需要注意的是,在经济学模型中分离出某种效应,不像看起来那么简单。我们始终都要对其他背景条件做出一定的假设。因此,卡特赖特才论称,结果总是多种原因共同造成的,在经济学中我们永远都不可能真正地将原因和结果分离开来。见 Cartwright, *Hunting Causes and Using Them: Approaches in Philosophy and Economics* (Cambridge: Cambridge University Press, 2007)。总体上说这是对的,但拥有多种模型的价值在于,这让我们可以选择性地改变背景条件,以断定是哪种原因对结果造成了实质性的影响。改变一些背景条件也许会造成巨大的不同,改变其他背景条件则影响甚微。也可参考我稍后在本章对假设的现实性所做的讨论。

学研究中已变得很普遍，而且有时人们认为，这能带来不受具体模型局限的知识，即不需要依赖模型设定与假设的因果关系链，也能展示世界运行的深层规律。但是，这并不完全正确。例如，在哥伦比亚，随机分发私立学校入学券明显提高了入学率，但没什么能保证类似做法可在美国或南非取得同样的成果。最终的结果取决于一系列因素，各国都不同。收入水平、父母的偏好、私立与公立学校的质量差距、教师和学校管理者的激励机制以及其他重要的潜在因素，都会产生影响。[8]要从一个地方的成功推导出另一个地方的成功，还需要许多额外条件。[9]

在实验室或实地开展的实验，与我们称为"模型"的思想实验之间的差距，并不像我们想象的那么大。两种实验在应用于现实需求时，都需要一定的推演。合理的推演又需要明智的判断、考察其他的证据来源，以及逻辑化的推理。这两种实验的力量都在于，它们能帮助我们了解其具体条件之外的现实，这取决于我们发现相似性、在不同条件之间做比较的能力。

就像真实的实验一样，模型的价值在于能够逐一分离和识别出具体的因果机制。所有试图对事物做出科学解释的人，都会面临一个困难：在现实中，这些机制是与许多其他机制一起发挥作用的，后者会干扰它们的运行。在这方面，经济学模型也许还具有一种优势，因为模型本身承认偶然性，即对具体假设条件的依赖。我们将在第三章看到，这种确定性的缺乏，恰好能鼓励我们探索在多种不同的模型中，哪一种是对当前现实更好的描述。

不符合现实的假设

消费者是高度理性的，他们自私，总是愿意消费更多，而且有长远的视野，经济学模型通常都是以很多这样不符合现实的假设为基础的。当然，许多模型在一些方面更符合实际，但即使在这些更复杂的模型中，其他不符合实际的假设也会在某处悄悄潜入。模型的简化和抽象化，必然要求许多因素是"反事实"的，即违背现实的。我们应该如何理解这种现实性的缺失呢？

20世纪最伟大的经济学家之一米尔顿·弗里德曼在1953年提供了一个答案，对经济学产生了深远的影响。[10]弗里德曼不仅主张理论研究必然需要不符合现实的假设，他还论称假设是否符合现实完全无关紧要，理论能否做出正确的预测才是重要的。理论所使用的假设，只要是假设，就无须和现实有任何相似性。尽管这只是对弗里德曼文章的复杂观点的大致概括，但的确是大多数读者所理解的精髓。因此这是一个极好的具有解放意义的观点，让经济学家能够以与现实经验大相径庭的假设为基础，建构各种各样的模型。

然而，假设的现实性不可能完全无关紧要。如斯坦福大学经济学家保罗·弗莱德勒（Paul Pfleiderer）解释的，在判断一个模型是否有用时，我们始终要坚持必须先对其关键假设进行"现实过滤"。[11]（这里我又用了"关键"这个词，稍后将详细阐述。）原因是，我们永远都无法确定一个模型在预测方面的精确性。正如格劳乔·马克斯（Groucho Marx）也许会说的，预测总是与未来有关。我们几乎可以设计无数种不同的模型，在事情发生后解释现实。但其中大多数是无用的，因为当未来条件变化时，它们将无法得出正确的预测。

假设我有某个地方过去五年的交通事故数据。我注意到在下午5—7点的下班时间事故较多。最合理的解释是，这段时间有更多的人在路上。但如果一位研究者提出了另一种解释：是约翰的问题。约翰的大脑放射出看不见的电波，影响每个人的驾驶。一旦他离开办公室驶入街道，他的脑电波会造成交通混乱，引起更多的事故。这个说法也许很蠢，但确实对下班时间交通事故增多做出了某种"解释"。

在这个例子中，我们知道约翰模型不是有用模型。如果约翰改变工作日程或退休，该模型将没有任何预测价值。即使约翰不出现在街上，事故次数也不会降低。这个解释是失败的，因为它的关键假设——约翰放射影响交通的脑电波——是错误的。要使一个模型有用，即能够反映现实，其关键假设就必须能充分反映现实。[12]

到底什么是关键假设呢？如果对一个假设做出使其更符合现实的修正，将导致模型得出显著不同的结论，那么我们就说这个假设是关键的。从这个意义上说，很多甚至可以说大多数假设都不是关键性的。我们看看完全竞争市场模型。对许多重要问题的回答并不取决于这个模型的细节。米尔顿·弗里德曼在那篇探讨方法论的论文中，讨论了对香烟征税的问题。他写道，我们可以准确地预测，提高香烟税率将导致香烟零售价格的上升，至于香烟企业数目的多寡，不同香烟品牌是否构成完全可替代关系，都不会造成影响。与此类似，对完全理性要求进行任何合理的放宽，都不会给这个结论带来多大改变。即使企业的计算不精确到小数点，我们也能合情合理地确认，它们将会注意到自身所承担税率的上升。对于模型的用途、模型需要回答的问题，如税收将如何影响香烟的价格等，这些具体假设并不是关键性的。所以，这些假设的现实性不足，并不是大问题。

假定我们关注另一个问题：对香烟行业实行价格控制所带来的影响。在这种情况下，该行业的竞争程度就有了重大的意义，其程度部分取决于消费者有多大意愿用不同的品牌相互替代。在完全竞争市场模型中，价格控制会导致企业减少供给。因为价格下降会降低企业的利润率，企业会以减少销量来应对。但如果是单一企业垄断市场的模型，则适度的价格控制（即设置不是远低于自由市场价格的价格上限），实际上会促使该企业增加产量。要理解这个效果，最好是了解一些简单的代数学或几何学。直观地看，垄断企业通过限制销量、提高市场价格来增加利润。而价格控制剥夺了垄断企业的定价权，实质上会削弱其控制产量的动力，垄断企业的应对做法将会是增加销量。* 在这种情况下，增加香烟销量是获得更多利润的唯一方式。

当我们试图预测价格控制的影响时，我们对市场竞争程度的假设，就成为关键假设。这个具体假设在多大程度上符合现实，就是重要的，而且非常重要。模型的可应用性，取决于其关键假设在多大程度上符合现实。一个假设是否关键，部分取决于模型的用途。稍后，当我更细致地讨论在特定条件下应该选择适用哪个模型时，我将继续讨论这个问题。

如果一个模型的关键假设明显违反事实，如约翰的脑电波的例子，那么，质疑这个模型的有效性就是完全合理且必要的。在这种情况下，我们有理由说，建模者的描述过于简单化，有误导性。但是，对此合理的回应应该是，基于更合适的假设构建其他模型，而不是彻底放弃模型。对于坏模型，好模型是解药。

从根本上说，我们在做假设时不可能完全使其符合现实。卡特赖特所说："批评经济学家使用不符合现实的假设，就像批评伽利略做滚球实验使用的斜面不过是一种尽可能抛光的斜面一样。"[13]然而，就像我们不会把伽利略的加速度原理应用到一块扔进蜜罐的大理石身上一样，假如模型的关键假设严重违背了现实，它就不能以"假设不必完全符合现实"作为借口。

---

* 基于同样的道理，在实行（适度的）最低工资后，就业会增加。

数学与模型

经济学模型包含着清晰阐述的假设和行为机制。因此，它们选择了使用数学语言。翻开任何一本经济学期刊，你都会发现几乎无数的方程式和希腊字母。以物理学的标准来看，经济学家运用的数学不是很高级，因为对于大多数经济学理论分析而言，基本的多元微积分和最优化知识通常就足够了。尽管如此，经济学运用的数学形式的确需要读者有一定的准备。它在经济学和大多数其他社会科学之间树起了相互理解的壁垒。这也凸显了非经济学家对经济学的怀疑：数学使经济学家仿佛脱离了现实世界，活在他们自己创造的抽象世界里。

当我还是个大学生时，我知道我想要获得一个博士学位，因为我喜欢写作和研究。但我对很多社会现象都有兴趣，无法在政治学和经济学之间做出抉择。这两个学科的博士培养项目我都申请过，但我最终加入了一个跨学科的硕士培养项目，从而推迟了最终的决定。我至今仍清晰地记得，是什么最终结束了我的犹豫。我在普林斯顿大学伍德罗·威尔逊学院的图书馆里，拿起了最新一期的《美国经济评论》和《美国政治评论》，分别是这两门学科的旗舰刊物。把两份刊物放在一起看，我意识到，如果我有经济学博士学位，我也能阅读《美国政治评论》，但如果我有政治学博士学位，《美国经济评论》上的很多内容我就完全无法理解。现在回过头来看，我也意识到，这个结论也许不那么正确。撇开数学不论，《美国政治评论》上的政治哲学文章，可能和《美国经济评论》上的任何文章一样深奥。而且，政治学后来也大量借鉴了经济学路径，应用了数学方法。尽管如此，我当时的观察仍代表了部分真相。直到今天，在社会科学领域，经济学仍大体上是独一无二的若不接受必需的研究生训练，就几乎完全无法理解的学科。

经济学家运用数学的理由常常被人误解。这不是为了把事情弄得曲折复杂，或者宣称要掌握更高的真理。基本上，经济学运用数学是出于两个考虑——清晰与连贯，都与追求荣耀无关。首先，数学确保了模型的各种因素，包括假设、行为机制、主要结论等，都是明确阐述和清晰的。一旦一个模型以数学形式表达出来，对于任何能看懂它的人来说，其含义或用途就是明晰的。清晰性具有很大的价值，但往往被人忽视。直至今天，关于卡尔·马克思、约翰·梅纳德·凯恩斯或约瑟夫·熊彼特到底说了什么，我们依然有无穷的争论。尽管三人都是经济学巨匠，但他们基本上（不是完全）是以文字方式阐述其模型的。相比而言，关于保罗·萨缪尔森、约瑟夫·斯蒂格利茨或肯尼斯·阿罗在阐述他们获得诺贝尔经济学奖的理论时，心里是怎么想的，并没有引起任何争论。经济学模型要求一切细节都要明确。

数学的第二个价值是确保模型的内在连贯，简单说，就是能从假设中推导出结论。这是一个看似平凡却不可或缺的贡献。一些主张足够简单，不言自明；另一些主张则需要谨慎对待，尤其是因为我们的认知偏向有时可能让自己接受想要的结论。有些时候，模型的结论是明显错误的。但更经常出现的情况是，论据并未得到很好的说明，一些关键假设被忽略了。在这种情况下，数学就是有用的检验方式。前凯恩斯时代的经济学巨人、第一本真正的经济学教科书的作者阿尔弗雷德·马歇尔，就有一条好法则：把数学作为一种速记语言，将论证翻译成文字，然后把数学烧掉！或者，就像我跟学生说的，经济学家运用数学不是因为他们聪明，而是因为他们不够聪明。

当我还是个年青的经济学者时，我听过伟大的发展经济学家、1979 年诺贝尔经济学奖得主阿瑟·刘易斯爵士的一次演讲。刘易斯有一种神秘的能力，他能运用简单的模型，提炼出复杂的经济关系的精髓。但像许多有更老传统渊源的经济学家一样，他也倾向于以文字而非数学方式表达观点。他那次演讲的主题是，什么决定了穷国的贸易条件，即出口价格与进口价格之比。当刘易斯结束演讲时，听众中一位更年轻、更数学导向的经济学家站起来，在黑板上草书了几个方程式。他说，他一开始对刘易斯教授讲的东西感到疑惑。但在刘易斯不解的注视下，他继续说，现在他明白了：这三个方程式可以决定这三个未知因素。

可见，数学在经济学模型中扮演着纯粹的工具性角色。理论上，模型不需要数学，模型的有用性或科学性也不依赖于数学。* 如阿瑟·刘易斯的例子说明的，一些一流经济学家根本就不怎么用数学。托马斯·谢林提出了现代博弈论的一些核心概念，如可信性、承诺、威慑力等，而他是以基本上不使用数学的研究赢得诺贝尔经济学奖的。[14]谢林有一种罕见的天赋：只使用文字和现实例证，最多是图表，就把策略思维者之间的互动以相当复杂的模型展现出来。他的著作对学者和决策者都产生了巨大的影响。不过我必须承认，只有在以数学方式完整展现他的观点和论证之后，我才彻底明白其观点的深度和论证的精确性。

非经济学的社会科学用得更多的是非数学模型。当一位社会科学家说"我们假设……"或者类似的话，然后提出一个抽象概念时，我们总是可以断定，他准备运用模型了。例如，社会学家迭戈·甘伯塔（Diego Gambetta）在要考察对知识性质的不同认识所造成的结果时，是这么说的："假设有两个理想类型的社会，仅在一点上有区别……"[15]政治学论文里经常提到各种因变量与自变量，这显然说明，作者虽然不使用明确的模型框架，但依然在模仿模型。

看起来直观的文字论证，在更严格的数学审视之下，经常是失败的，或者是不完整的。原因在于，"文字模型"常会忽视不明显但可能很重要的相互作用。例如，许多经验研究发

---

* 在经济学领域外，"理性选择"已经变成主要以数学模型研究社会科学的同义语。这一使用混淆了几种因素。事实上，用模型来研究社会科学既不需要数学，也无须假设个体是理性的。

现，政府干预和产业表现之间有负相关关系，获得补贴的产业的生产率增速低于其他产业。很多人，甚至经济学家，也会这么推理：政府一定是基于错误而非正确的理由进行了干预，是在政治游说下支持弱势产业的。这也许听上去很合理，显而易见，甚至不需要进一步的分析。但是，如果我们以数学方式描述政府基于正确理由干预（通过补贴产业来提高经济效率）时的行为，我们会发现，上述推论可能不成立。因市场机制不健全而表现不佳的产业，的确需要更大力度的政府干预，但干预不应达到使其劣势完全被抵消的程度。因此，补贴与产业表现之间的负相关性，并不能告诉我们政府干预是对的还是不对的，因为两种类型的干预都会制造出这种相关性。不明白的话，我们可以用数学方式来检验。*

另一个极端是，太多的经济学家迷上了数学，忘记了它的工具性质。在经济学中，过度的形式化，为了数学而数学，已

---

* Dani Rodrik, "Why We Learn Nothing from Regressing Economic Growth on Policies," *Seoul Journal of Economics* 25, no. 2 (Summer 2012)：137-151. 一个和经济学关系较远的例子是，著名的进化生物学理论家约翰·梅纳德·史密斯解释了为什么要把观点数学化，视频可见 http：//www.webofstories.com/play/john.maynard.smith/52;jsessionid=3636304FA6745B8E5D200253DAF409E0. 史密斯说，他对以文字表述的理论感到不满意。该理论试图解释，为什么一些动物，如羚羊，会在奔跑时上下跳，这种行为被称为"蹿跳"（stotting）。它似乎不符合效率原则，因为这会减慢速度。该理论认为，"蹿跳"是向潜在的捕食者显示，这头羚羊不值得追捕：它跑得太快了，乃至于就算以这种低效方式奔跑，也能够逃脱。史密斯记述，他曾试图以数学方式把这一说法纳入模型，但总是不能证明想要的结论：在动物把"蹿跳"当作一种发送给捕食者的信号时，这么做是符合效率原则的。

经泛滥成灾。一些经济学分支，如数理经济学，已经变得更像是应用数学，而不是一门社会科学，其参照系已经变成其他数学模型，而不是现实世界。一篇数理经济学论文摘要的第一句是："我们根据否决机制，证明瓦尔拉斯预期均衡的新特点，这是具有一个完备有限测度空间的行为人且具有差异信息的经济体。"[16]数理经济学最重要，也最为数学导向的刊物之一《计量经济学》（*Econometrica*），曾一度暂停对"社会选择"理论（关于投票机制的抽象模型）的探讨，因为该领域的论文已变得过于数学化，过于玄奥，完全脱离了现实政治。[17]

不过，我们或许也不能对这些工作过于仓促地下定论，值得指出的是，经济学领域一些最有效果的实践应用，正是来自高度数学化、肯定难以为门外汉理解的模型。以抽象的博弈论为基础的拍卖理论，即使对很多经济学家而言，也是深不可测的，*但联邦通信委员会以此为基础制定规则，以最有效的方式向电话公司、广播公司分配美国通信频段，还为联邦政府赚到了600多亿美元的收入。[18]同样高度数学化的匹配及市场设计方面的模型，今天被用来向医院分配患者，向公立学校分配学生。在上述例子里，似乎高度抽象、和现实世界几乎没有关系的模型，在多年后都证明了其现实应用性。

好消息是，与人们的通常印象不同，单凭数学并不能让人

---

* 对该理论的相对非正式的介绍，可参见 Paul Milgrom, "Auctions and Bidding: A Primer," *Journal of Economic Perspectives* 3, no. 3 (Summer 1989): 3–22。更全面的介绍可参见 Paul Klemperer, *Auctions: Theory and Practice* (Princeton, NJ: Princeton University Press, 2004)。

深入经济学。重要的是"智慧":有能力对老话题带来新见解,让难解的问题变得可解决,或针对一个实质性问题设计一种新颖的经验分析。事实上在经济学界,对数学方法的强调早已过了其巅峰期。今天,顶级期刊对实证导向或与政策相关的模型的重视,已远远超过数学化的纯理论分析。经济学明星和被引用最多的经济学家,并不是那些数学怪才,而是对贫困、公共财政、经济增长、金融危机等重要公共问题做出阐释的人。

简单还是复杂

尽管运用数学,但经济学模型通常比较简单。大部分模型用纸和笔就能破解。这也是模型必须忽略现实世界的许多特征的一个原因。但如前所述,不完全符合现实本身并不是一个有力的批评。我们再用米尔顿·弗里德曼提出的一个例子,一个关于相互竞争的商人的模型,如果把他们的眼睛颜色考虑进去,将更符合现实,但这并不是一个更好的模型。[19]不过,如前所述,某种因素重不重要,取决于最初的假设是什么,也许蓝眼睛的商人更不聪明,说不定会习惯性地以较低价格出售产品。建模者为了便于解决问题而进行的策略性简化,对模型的真实结果会产生重要的影响。

如果选择复杂而不是简单,会不会更好呢?近年来的两个相关进展已让这个问题变得更有探讨意义。第一个进展是,电脑能力的飞速提升及其成本的快速下降，使人们可以更容易地运用大规模计算模型。这类模型里有成千上万的方程式，包含非线性关系和复杂的相互作用机制。人脑无法处理此类模型，但电脑可以。天气模型就是知名的例子。经济学也运用大规模计算模型，不过通常不会像天气模型那么大。多数国家的央行运用多方程模型来预测经济走势，以及货币政策和财政政策的影响。

第二个进展是大数据的出现，以及从大数据中提炼模式与规律的统计与电脑技术的发展。大数据是指利用互联网和社交媒体获得的巨量的定量化信息，几乎从头到尾、每时每刻地记录我们的位置和行为。也许我们已经或即将发展到一个阶段，可以利用这些数据显示的规律来揭示人类社会关系的秘密。该观念的首要倡导者写道："大数据给我们一个机会来完整地理解社会的复杂性"。[20]这可能使传统的经济学模型像马车一样被淘汰。

显然，复杂性看起来很吸引人。谁能否认社会和经济都是复杂的系统呢？数学家兼经济学家邓肯·沃茨（Duncan Watts）写道："一个复杂的系统到底'复杂'在哪儿，人们无法达成一致，但通常有共识的是，复杂性的源头是许多相互依赖的成分以非线性的方式交互影响。"有趣的是，沃茨举出的第一个例子就是经济："例如，塑造美国经济的是无数个人、企业和政府机构的行为，以及无数其他的外部和内部因素，从得克萨斯州的天气到中国的利率。"[21]如沃茨所说，经济

第一章 模型的用途

的某个部分,如抵押贷款融资方面的动荡,可能会扩散,并给整个经济造成巨大冲击,就像混沌理论中的"蝴蝶效应"。

有意思的是沃茨会提到经济,因为迄今为止,唯有构建大规模经济模型的努力是失败的。更不客气地说,在我看来,从此类模型中没有推出过任何重要的经济学洞见。事实上,它们经常误导我们。在20世纪六七十年代,基于对流行的宏观经济学正统理论的过度信心,人们以凯恩斯主义为基础,构建了几个大规模的美国经济的模拟模型。而在70年代末和80年代的滞胀时期,这些模型的表现很差。然后它们就被抛弃了,理性预期、价格弹性等"新古典"理论兴起。依赖这些模型远远不如另一种做法:在我们的头脑中同时运用几个小模型,既有凯恩斯主义的也有新古典主义的,并知道在什么情况下适用。

如果没有这些较小的、更易理解的模型,大规模计算模型事实上就是不可理解的。我这么说有两层意思。首先,这些大规模模型所依赖的假设和行为关系,肯定有其来源。相信凯恩斯主义模型的人和相信新古典主义模型的人,会构建出不同的大规模模型。认为经济关系是高度非线性或呈现非连续性的人和认为经济关系是线性、"平滑"的人,也会构建出不同的模型。这些在建模前就存在的理解并不源于复杂性本身,而必然是源于某种初级理论。

另一层意思是,假设我们可以构建基本上不涉及理论的大规模模型,基于我们观察到的经验规律,如消费者支出模式,来利用大数据技术,但是就像天气模型一样,这样的模型能够做预测，但永远无法提供知识。因为它们就像"黑箱"：我们能看到结果，但无法看到内在的运行机制。要从这些模型中提炼出知识，我们就必须发现并分析造成特定结果的潜在因果机制。实际上，我们需要构建一个大模型的缩小版。只有这样，才能说我们理解了其中的过程。而且，如果我们要评估这些复杂模型预测的准确性，例如，它们预测了这场衰退，但能不能预测下一场，我们的判断将取决于这些潜在因果机制的性质。如果这些小规模模型的机制是合理可信的，我们也许就有理由相信大规模模型做出的预测，反之则不然。

举例而言，在分析国际贸易协议时，大规模计算模型很常用。这些协议会改变无数个产业的进出口政策，这些产业通过劳动力、资本及其他生产要素市场联系在一起。一个产业的变化会影响所有其他产业，反之亦然。如果我们想理解贸易协议对整个经济产生的影响，就需要一个能记录所有这些相互作用过程的模型。理论上，所谓的"可计算一般均衡"（CGE）模型就是起这个作用的。这些模型的构建部分基于通行的贸易模型，部分基于一些特意设定的假设（如参与国际贸易的国民产出的比例），这些假设用来复制观察到的经济规律。例如，当专家在媒体报道中表示，美国和欧洲之间的"跨大西洋贸易与投资伙伴关系协定"（TTIP）将创造多少亿美元的出口和收入时，他们就是在援引这些模型的结论。

毫无疑问，此类模型能反映决策所涉及的数量级。但最终它们可不可靠，要看其结论是否来自能画在纸上的很小的模型且能被这些小模型验证。除非潜在的解释是明晰、直观的，除非在这些大规模计算模型背后还存在更简单的、能得出类似结论的模型，否则，单纯的复杂性对我们毫无益处，也许至多不过是增添一点点细节而已。

一些强调复杂性的模型，如引爆点、互补性、多重均衡、路径依赖等，也能提供一些具体的洞见，对这些模型应该怎么看呢？的确，复杂性理论家强调的这些"非标准"结论，与经济学家常用的更线性、平滑的模型，形成了鲜明对比。而且，这些更复杂的模型所描述的，有时确实更符合现实。然而，这些复杂模型的结论不仅能从更小、更简单的模型中导出，而且它们事实上也是源于后者的。引爆点模型由托马斯·谢林最初提出，并应用于不同的社会背景。该模型考察在足够多的个体改变行为后，整体行为突然改变的情况。谢林在20世纪70年代提出的经典例子是，一旦"白人逃离"规模达到某个关键的引爆点，多族群混居的社区就会瓦解，变成彻底的族群隔离。很久以来，经济学家都知道，并经常依据高度程式化的模型来研究多重均衡的可能性。在本章开头我曾举过一例，即造船厂和钢厂协调博弈。路径依赖是多种多样的动态经济学模型中的一个。像这样的情况还有很多。

批评者也许会说，经济学家只是把这些模型当作"正常"的竞争市场模型的例外。这也许有一定道理，经济学家的确倾向于过度使用一些标准模型，而忽视其他模型。在一些情况下，简单模型也许因太简单而不适用，需要变得更复杂。关键在于，我们要让模型只考察从其假设来看真正重要的机制，一点儿也不能多。如前述例子表明的，简单的模型也能完成这个任务。一个模型并不总是好于另一个。要记住，它只是一个模型，不是唯一的模型。

简单性、实用性和真实性

阿根廷小说家博尔赫斯写过一篇极短的故事（准确地说只有一个自然段），题为"论科学的精确性"。他写道，在古老的年代有一个神秘的帝国，在那里，制图师极为看重他们的技艺，精益求精。为了尽可能地捕捉细节，他们画的地图越来越大。一个省的地图变得像一个城市那么大，帝国的地图变得和省一样大。渐渐地，即使如此的精细程度也不够了，制图师公会就画了一幅1∶1的帝国地图。但后来的人对制图技艺不再那么着迷，而是更关心如何获得导航帮助。他们发现，这么大的地图是没用的。于是他们把地图扔到沙漠里，任其风化消失。[22]

如博尔赫斯的故事说明的，如果认为模型越复杂就越有用，结果会适得其反。经济学模型正是因为简单才有用、才能对现实有所反映的。实用性并不以复杂性为前提，而复杂有可能损害实用性。各种各样的简单模型是必不可少的。模型从来都不等于真实，但蕴含了真实。[23] 只有把世界简化，我们才能理解世界。

第二章　经济学建模科学

模型让经济学成为一门科学。在这个论断中，我指的不是像物理学、化学那样的科学，试图揭示根本的自然法则。经济学是一门社会科学，而社会是没有根本法则的——至少不会跟自然界的一样。和岩石、星球不同，人类有活力，可以选择自己的行为。人类行为存在近乎无限的可能性。我们至多只能说有什么趋势、受具体条件限制的规律性，以及可能的影响。我指的也不是数学意义上的科学，即面对抽象的实体，能做出精确的表述，并可确定是对还是错。经济学面对的是复杂得多的真实世界。经济学家经常误入歧途，就是因为他们以为自己也是半个物理学家或数学家。

在另一个极端，批评者嘲笑经济学家自称科学，斥责他们不过是在假装搞科学。凯恩斯曾一反常态地对经济学提出谦恭的期望。他在1930年写道："如果经济学家能成功地让世人把他们看作谦逊、称职的人，就像牙医一样，那将是极好的！"[1]不过，考虑到危害人类社会的多种多样的疾病与综合征，也许牙医都是过高的目标。经济学家需要相当谦恭，不仅要承认自己所知不多，而且要承认能掌握的东西有限。

在做出这些说明之后，我们可以探讨模型为什么是科学的。首先，如我在第一章解释的，模型澄清假说的性质，阐明其中的逻辑，以及依赖什么条件与不依赖什么条件。这通常是对直觉的提炼，把一切细节明确化——这本身是很重要的。但通常情况下，模型更大的贡献是，让我们意识到各种反直觉的可能性和意料之外的结果。其次，模型对各种各样的社会现象提出更多可信服的解释，深化我们的理解，从而为知识的积累提供条件。经济学以这种方式扩充知识储量并获得进步，就像图书馆增加藏书一样。再次，模型暗示着某种经验方法，至少在理论上说明特定的假说和解释如何应用于现实中。因为有模型，所以观点可以被判定对错。即使在证据不充分，不足以判定时，模型也有助于确认分歧到底在哪里。最后，模型使知识可以依据公认的学术标准而形成，而不是依据基于级别的等级关系、私人关系或意识形态等。一位经济学家的研究地位，大体上取决于研究的质量，而不是他的身份。

澄清假说

名称恢宏的"福利经济学第一基本定理"，也许是经济学皇冠上的明珠（很快我们将看到一个与它实力相当的竞争对手）。经济学博士生通常用其第一学期来证明该定理，在这个过程中要用到大量的数学（实分析和拓扑学），很多都是他们以后再也不会用的。该定理不过是以数学形式表述第一章所述的"完全竞争市场模型"的一个重要含意，简单地说，就是竞争性的市场经济是有效率的。更准确地说，在该定理的假设条件下，市场经济能实现一个经济体系所能实现的最大产出，没有任何别的方法能提高这个产出。这里的意思是说，资源的任何重新配置，都无法在不导致某些人受损的情况下，使其他人获益。* 这被称为"帕累托效率"，得名于意大利博学家维尔弗雷多·帕累托。需要注意的是，效率的这一定义没有考虑公平或任何其他社会价值观。即使市场竞争的结果是一个人得到所有收入的 99%，只要任何资源重新配置给他造成的损失大于其他社会成员可能得到的收益，这个结果也是"有效率的"。

  如果不考虑对分配的影响，这是个有力的结论。它不是显而易见的。如果说我们今天一提到市场马上就会想到效率，这主要是因为二百多年来人们被灌输了市场与资本主义的好处。如果无数的消费者、工人、企业、储蓄者、投资者、银行、投机者都只追求私人利益，最终的总结果肯定不会是经济混乱，这个观点初看起来并非不言自明。但完全竞争市场模型认为，最终结果事实上是有效率的。"福利经济学第一基本定理"通

---

 * "福利经济学第二基本定理"则阐述，如何通过合理的资源重新配置，实现其他有效率的结果，实质上是对效率问题和分配问题做出区分。后来的研究已表明，当这两个定理的一些假设（如完美市场或完全信息）不成立时，这个区分也会模糊化。

常被经济学家俗称为"看不见的手定理"。也许是经济学之父亚当·斯密首先提出了该理论的概貌。尽管他使用"看不见的手"一语时的语境不同,但他还是论称,市场中个体消费者与生产者的分散决策,会给整个社会带来收益。他的一句名言是:"我们的晚餐不是来自屠夫、酿酒师和面包师的善举,而是来自他们对自身利益的体认。"[2]

斯密的观点是,价格刺激会使市场成为一个极有效率、能自动运转的协调机器。20世纪80年代,米尔顿·弗里德曼在流行电视系列节目"自由选择"中,使该观点深入人心。不久后,里根政府和撒切尔政府就开启了一波市场化改革浪潮。弗里德曼手拿一支铅笔,惊叹自由市场的伟大成就。他指出,制作这支铅笔需要世界各地成千上万人的工作——开采石墨、伐木、组装,以及销售最终产品。然而,是价格系统而非任何中央权威在协调他们的行动,使铅笔最终能到达消费者手中。[3]

与亚当·斯密和米尔顿·弗里德曼平实的解释相比,"第一基本定理"本身包含着高度抽象、几乎深不可测的逻辑。20世纪50年代初,肯尼斯·阿罗和吉拉德·德布鲁最先完整表述出其中的逻辑。他们使用的数学当时还不为大多数经济学家所熟悉。[4]德布鲁1951年写的文章的第一句话,就显示了该研究的性质:"我们研究的经济系统的运行可视为 n 个生产单位、m 个消费单位、l 个初级产品(这些数量也许是绝对可分的，也许不是）。"* 尽管阿罗和德布鲁的文章是基础性的，让他们分别获得了诺贝尔经济学奖，但读的人很少（我承认是在写这段时才第一次看）。经济学家们根据教科书及其他二手资料来研究他们的文章。

"第一基本定理"很重要，因为它事实上证明了"看不见的手"假说。也就是说，它表明，在一定假设下，市场经济的效率不仅仅是设想或者可能性，而是从一定前提导出的逻辑结果。使用大量数学的好处是，我们确实得出了一个精确的观点。模型准确地告诉了我们推论的过程。尤其是，它揭示出确保效率实现所要做出的假设是什么。

事实上，这样的假设有一长串。消费者和生产者必须理性，只关心自身经济利益的最大化；必须在一切领域实现市场化，包括能涵盖一切偶然性的完整的期货市场体系；信息必须是完全的，举例来说，消费者在购买和使用商品之前就知晓其所有的属性；还必须排除生产者的垄断行为、规模收益递增和"外部性"（如污染或研发带来的知识溢出）。当然，自亚当·斯密以来的经济学家都知道，这些变量可能影响"看不见的手"的运转。但阿罗和德布鲁的研究将该理论体系化，并使之清晰、精确。

"第一基本定理"是关于一个纯假设的世界，并不描述任

---

* 有个笑话是，1983 年德布鲁获得诺贝尔经济学奖时，一些记者去找他，想知道他对经济走向有何看法。据说他想了一会后说："假设一个经济体里有 n 个商品和 m 个消费者……"

何现实的市场。把该定理应用于现实世界，需要判断、证据和更进一步的理论化。该定理对政策有何意义？对此的解读有些像"罗夏测验"（一种心理学测验，通常受测者心中想什么就会看到什么。——译者注）。在经济自由主义者和政治保守主义者看来，该定理证明了以市场为基础的社会的优越性。在左派看来，该定理的一长串前提表明通过市场来实现效率几乎是不可能的。对于现实世界的政策争论来说，该定理自身几乎解决不了多少问题。但没有人能否认，拜该定理及其衍生的研究文献所赐，我们对亚当·斯密所说的"看不见的手"发挥与不发挥作用的条件，有了史无前例的深刻理解。*

我们再来看另一个重要的例子。它也说明，经济学建模有助于澄清一些看似反直觉的观点。1938年，波兰裔美国数学家斯坦斯劳·乌拉姆（Stanislaw Ulam）向年轻的保罗·萨缪尔森挑战，让他在社会科学领域举出一个既正确又足够重要的命题。萨缪尔森的回答是大卫·李嘉图的"比较优势理论"。"就像魔术一样，只用四个数字就证明，世界上的确存在免费的午餐——国际贸易带来的免费午餐。"[5]李嘉图在1817年论证，基于比较优势的专业化能让所有国家获得经济好处。他的论证既简明又有力。[6]显然，该理论足够重要，因为即使成熟的评论家，也常常会误读它。据说亚伯拉罕·林肯曾这样表达

---

* "看不见的手"定理所需的假设是充分条件，而非必要条件。换言之，即使一些假设不成立，市场也是有效率的。由于这些偏差的存在，一些经济学家认为，即使在阿罗—德布鲁标准没有完全满足的时候，自由市场也是值得追求的。

反国际贸易情绪:"当我们从国外购买制造品时,我们得到商品而外国人得到钱;当我们从国内购买制造品时,本国人既得到商品又得到钱。"此话也许是伪造的,但很多人看不穿其中的逻辑谬误。

早在李嘉图之前,人们就已经很明白,从其他国家进口廉价商品,本国就能把劳动力、资本等国内资源转为他用,提高使用效率。[7]但对于国际贸易为什么会让双方都获益,人们依然没有答案。具体而言,如果一国在所有方面都更有效率,生产所有商品使用的资源都少于别国,它也能从国际贸易中获益吗?李嘉图的回答是肯定的。他举出了一个数学例证,这是经济学最早使用(也是最成功)的模型之一。这就是经济学家所说的2×2贸易模型:两个国家(英国和葡萄牙),两种商品(棉布和葡萄酒)。

李嘉图写道,假设在葡萄牙生产一定量的葡萄酒需要80个工人的劳动,生产一定量的棉布需要90个工人的劳动。在英国,生产等量的两种商品分别需要120个和100个工人的劳动。请注意,在棉布和葡萄酒两方面,葡萄牙的生产效率都高于英国。但李嘉图证明,葡萄牙如向英国出口葡萄酒,从英国进口棉布,将会获利。通过这种方式,"与将本国资本的一部分从酿酒转向棉布生产相比",葡萄牙"将从英国获得更多棉布"。[8]在国际贸易中创造收益的是比较优势,而不是绝对优势。如果一国出口它生产起来相对较不赖(相对生产效率较高。——译者注)的产品,进口它生产起来相对较不好的产品，它将获益。

如果这还不是很明白，请记住萨缪尔森说的：原理根本就不是显而易见的。要理解原理，我们必须思考和做一些计算。

李嘉图的简单模型阐明了从国际贸易中获益不必依靠的条件。一国要在某个领域出口上取得成功，并不以在这个领域的生产效率高于贸易伙伴国为前提；也不是说一国只有在某个领域效率低于贸易伙伴国的时候，才能从进口中获益。后来的一代代理论家不断完善该模型，又说明了另一些非必要条件：有多少种商品、多少个国家参与贸易；是否除了可贸易商品与服务外还有不可贸易的；在任何给定时期一国贸易是否平衡；资本（或其他资源）能否便利地在不同产业间流动。结果证明，对比较优势理论和从国际贸易中获益而言，以上简述的各个条件都不是关键性的。

更后来的研究也展示了该理论的一些局限。例如，一些可能导致"福利经济学第一基本定理"失效的情况，也可能使国家在国际贸易中受损。人们可以举出一些例子来说明，在有外部性和规模经济效应的情况下，至少一些国家会在国际贸易中受损。20世纪五六十年代，发展中国家因担心这一可能性而设置进口壁垒，希望借此来实现本国产业的繁荣。另一方面，即使在国际贸易带来好处的情况下，也并不意味着一国的所有人都能从中获益。事实上，大多数已有模型都表明，至少一些群体的情况会变差，如进口竞争产业的雇员，以及一个高技能劳工相对较多的国家里的低技能劳工。那些宣称自由贸易会让所有人获益的人，或许没有理解比较优势是如何真正起作用的。

　　比较优势原理和福利经济学第一基本定理作为两个例子，以最清晰、最显著的方式揭示了经济学假说的本质：假说讲了什么，假说为什么有用，假说所适用的条件。但是，它们代表了一般性的探究方法。金融投机对市场稳定有益还是有害？我们应该以发放现金还是教育补贴的方式帮助贫困家庭？货币政策应该相机抉择还是遵循严格的规则？对于每个问题，经济学家的方法都是设立一个模型，然后检验不同结论成立的条件。

　　基于直接证据的判断很少能替代这种遵守严格规范的思考。让我们考察一个极端的例子。假设有证据能明确回答上述的某个问题，那这样的证据必然要基于特定的地方和时间：1995—2014年，金融投机的确稳定了芝加哥期货交易所玉米期货交易的价格；2010—2012年，对坦桑尼亚的小学生而言，直接发放现金的确比补贴更有效。尽管这样的证据是有用的，但只有将其置于模型中考察，我们才能做出合理的解读。例如，发放现金比补贴更有效，是因为它为家庭提供了更好的激励，还是因为它降低了执行该项目的官僚机构的工作量？用这些证据来推导其他情况（或未来），也需要运用模型。例如，金融投机是否对外汇市场同样有稳定作用？玉米期货投机是否在两年后还能稳定市场？回答这些问题需要模型——常常显得模糊含蓄的模型。模型越明确，我们用以解释和推导证据的假设就越清晰。

当直觉误导我们的时候

经济学家常常自嘲的许多笑话之一是:"经济学家是这样的人:看到了一些东西在现实中行得通,然后问是不是在理论中也行得通。"这看似很荒诞,但我们最终必须明白,直觉很容易误导我们,有的时候生活中会出现反直觉的结果。经济学模型能训练我们的直觉,使直觉能接受这些意外出现的可能性。这些意外会以各种形式出现。

第一类是"一般均衡互动"。为了与"局部均衡"或单一市场分析相区别,这一术语是以一种奇特的方式表示,我们要记录不同市场相互之间的反馈效应。比如,劳动力市场的变化会影响商品市场,这又会影响资本市场,依此类推。以这种方式分析的话,局限于一定市场、一定时间的简单供求模型的结论,往往会被大幅修正,有时还会被颠覆。

以移民为例,这在美国及其他发达国家是重要的政策议题。在某个州,如佛罗里达,移民增多会如何影响该州的劳动力市场?我们的第一直觉会依据供求关系:劳动力供给的增加会造成物价和工资降低。如果没有第二波、第三波效应,我们的推论基本到此为止。

然而,移民增加还有各种后续影响,比如:本地工人在竞争加剧的情况下可能迁移到其他州找工作;潜在雇员群体的扩大可能吸引企业迁入该州,兴办新工厂,开展新业务,从而使该州的实际投资增多；低技能劳动力的增多，可能减缓新科技应用的速度；移民劳工的增多，可能增加对只有他们才能生产的商品的需求。所有这些可能性，都会抵消移民带来的初始效果。在迈阿密就发生过类似的事情。在1980年的"马里埃尔移民潮"期间，迈阿密接收了大量的古巴移民，占该市劳动力的7%。加州大学伯克利分校的经济学家戴维·卡德发现，这波移民潮对迈阿密的工资水平和失业率几乎毫无影响，即使对直接相关的最低技能的劳工而言，也是如此。造成这一结果的具体原因，虽至今仍有争论，但很可能是多种"一般均衡"效果的综合。[9]

再举一个例子来说明用"一般均衡"来思考是多么重要。假设你是一位高技能的专业人士，如工程师、会计师或经验丰富的机械师，就职于美国服装业。那么，美国与越南、孟加拉国等低收入国家的贸易增多，对你的影响是好还是坏？如果你只考虑服装业的情况（即"局部均衡"思路），你的回答将是变坏，因为这些国家可能对美国服装企业构成严峻的竞争威胁。但你可以考虑一下出口端的情况。这些新市场因对美出口赚钱而扩大，而随着美国经济的增长，美国对它们的出口也会增多，于是在美国不断扩大的出口行业中，新的就业机会就会涌现。因为这些日益兴盛的行业可能是技术密集型的，所以它们将愿意雇用大量的工程师、会计师或经验丰富的机械师。随着这些跨市场互动效应在整个经济体内展开，你可能发现，你的实际薪酬比以前多了，因为不管你跳不跳槽，对你的技能的需求都会上升。*

"次优"经济学研究也会带来一些意外结论。"次优一般理论"是应用经济学家最常使用的工具之一,也是对外行来说最不符合直觉的理论。该理论最初由詹姆斯·米德在贸易政策语境中提出,后来理查德·利普西(Richard Lipsey)和凯尔文·兰卡斯特(Kelvin Lancaster)将其一般化。[10]其核心创见是,在其他相关市场仍然受限的情况下,开放某些市场或建立新市场并不总是有利的。

最初,该理论应用于像欧洲共同市场这样的国家集团内部的贸易协议。根据这些协议,参与国彼此开放贸易,降低或取消贸易壁垒。人们依比较优势理论而产生的基本直觉是,所有国家都将从贸易中获益。但这并不是绝对的。由于削减贸易壁垒具有互惠性,法国和德国之间的贸易会增加,这是好事。这一现象被称为"贸易创造效应"。但由于同一原因,德国和法国从亚洲低成本国家或美国的进口会减少,这不是好事。用经济学行话来说,这被称为"贸易转移效应"。

我们举个例子,看贸易转移是如何损害经济福利的。假设美国向德国出口的牛肉价格是100美元。又假设德国实行20%

---

* 这就是杰出的"斯托尔珀—萨缪尔森定理",是对比较优势基本原理的拓展。该定理认为,开放国际贸易有利于一国相对充裕的生产要素(无论其所投入的部门),不利于相对稀缺的要素。这一定理得以成立的关键假设是,各种生产要素,包括资本和不同技能水平的工人,都可以跨行业流动。Wolfgang Stolper and Paul A. Samuelson, "Protection and Real Wages," *Review of Economic Studies* 9, no. 1 (1941): 第58—73页。

的关税，使美国牛肉在德国市场上的销售价格提高到120美元。而法国只能以119美元的价格向德国出口同质量的牛肉。在德国和法国达成互惠协议之前，法国牛肉生产商面对着和美国一样的关税，在竞争中出局。但如果德国取消针对法国的进口关税，保留针对美国的进口关税，在德国市场上，法国牛肉的价格马上就会低于美国（119美元对120美元），美国对德国的牛肉出口就会崩溃。在这种情况下，德国消费者得到1美元的好处，但德国政府失去了曾对美国牛肉征收的20美元关税，而这笔税收原本可以反馈给消费者，或给其他方面的减税创造条件。最终算来，这对德国是不划算的。

"次优"逻辑可应用于多个领域。"荷兰病"就是最著名的例子之一，它得名于20世纪50年代末荷兰发现天然气后发生的现象。许多观察者发现，到了20世纪60年代，荷兰制造业的竞争力降低了，因为荷兰盾受突然出现的天然气财富影响而升值，同时荷兰工厂的市场份额减少。"次优一般理论"认为，在某些情况下，资源驱动的繁荣会成为经济学意义上的坏事。资源繁荣会造成货币升值，从而会挤出一些经济活动，如制造业。* 这本身并不是问题，因为经济发展总是伴随着结构性调整。但如果被挤出的经济活动起初就是供给不足的（无论是由于政府设限还是由于它们对其他经济领域产生技术溢出

---

* 尽管货币升值通常是更直接的原因，但国内工资上升也可能是原因之一。无论是以外币计价的国内工资上升（工资提高可能造成这一结果），本国货币升值，还是这两种因素的结合，都会产生挤出效应。

效应),那就会有问题。这些重要的经济活动的收缩所造成的经济损失,可能超过资源繁荣带来的直接收益。这不仅仅是一个理论问题。南部非洲资源丰富国家的政府时刻面临这一挑战,因为获利丰厚的采矿业造成的工资压力,会削弱其制造业的竞争力。

"次优"情况并不总是颠覆标准理论,有时还会为市场自由化提供更有力的理由。比如,在"荷兰病"的例子中,如果受负面影响的制造业是制造环境污染又不为之付费的"脏污"行业,那它们的衰落就是件好事。但"次优"理论通常会颠覆我们惯常的直觉,也就是说,看似朝正确方向的行动,其实会让我们离目标更远。只是有时会出现"负负得正"的结果而已。因为市场永远不像教科书一样完美,所以像这样的"次优"问题在现实中俯拾皆是。如普林斯顿大学经济学家阿维纳什·迪克西特(Avinash Dixit)所说:"世界本身充其量只能说是次优的。"[11]这意味着,我们必须提防那些假设市场运转良好的经济学家的常用模型。我们经常需要引入一些更突出的市场缺陷问题,对这些模型进行微调。关键在于选择正确的模型来应用。

第三种会带来反直觉结果的情况是策略行为与博弈。我们在讲述"囚徒困境"时已看到了一个例子:双方的机会主义行为最终导致了他们本想避免的结果。从更一般性的角度而言,如托马斯·谢林早已发现的,人们如果意识到策略博弈的存在,就会做出一些原本很难理解的行为。策略博弈是指,我的行动会影响你的行动，反之亦然。[12]比如，我威胁说，如果你不满足我的要求，我就轰炸你，但只要你保留报复能力，我的威胁就是不可信的，无效的。但如果我采取"疯狂"行为，让你怀疑我到底是不是真的理性，那威胁还是无效的吗？

意在使博弈变得有利于一方的策略性行动，存在多种形式。在达成协议的最后期限到来之前，为了让你相信我不再会出更低的报价，我可能一下子切断所有联系，这称为"烧桥"（burning bridges）策略。为了阻止你和我竞争，我可能囤积大量的过剩产能，这样的话，一旦你进入我的经营领域，我就发起大规模降价，这最终会让我们双方都破产。为了提高我作为借款人的可信度，我可能联系一个第三方（黑手党?），告诉他如果我还不了你的钱，他可以让我付出沉重代价（打断我的腿?）。[13]如果不放在策略博弈的框架内考虑，上述行为都是不理性的，但是，如果考虑如何改变竞争对手或合作伙伴的成本收益，它们突然就显得合理起来了。

最后，"时间不一致性偏好"也会造成一些反直觉结果。大致来讲，这是指短期利益与长期利益之间会发生一定的冲突。政治家也许知道，印钞只会在长期内造成通胀，但在选举前夕，他们往往抵抗不了诱惑，要制造一些短期的通胀，来刺激经济增长得快一点。消费者知道他们应该为老年生活而储蓄，但他们往往忍不住要把信用卡刷爆。这些也算是策略博弈的例子，是今天的我和未来的我之间的博弈。今天的我无法奉行对自己有利的行为方式，这会让未来的我受损。

解决这些问题通常要靠"预先承诺"策略。在通胀的例子中，决策者也许会选择把货币政策制定权交给独立的央行，它只负责维护价格稳定，或者有一位极保守的行长。在储蓄的例子中，雇主可能被要求根据退休金计划，自动扣除员工工资进行退休金缴费。这些例子蕴含的悖论在于，限制一些人的自由行动权对他们是有利的，而通常的经济学信条是，选择总是越多越好。但这里的悖论只是假象：对一类模型而言是悖论的东西，往往在另一类模型中很容易得到理解。

经济科学的进步方式：不同时候用不同的模型

如果问一位经济学家经济学为什么是科学，回答可能是："经济学是科学，因为我们用科学方法做研究：我们建立假说然后去验证。如果某个理论在验证中失败了，我们就放弃它，或者改进，或者换一个。最终，通过改进理论对世界的解释，经济学不断取得进步。"

这是个漂亮的说法，但经济学家现实中所做的，以及经济学进步的方式，基本不是这样的。* 首先，经济学家的许多研究与假说演绎法区别甚大。这种方法是指，先形成假说，然后

---

* 在1962年托马斯·库恩的《科学革命的结构》出版后，关于自然科学的进步是不是符合这理想化模式，也出现了普遍的质疑。库恩指出，科学家的研究遵循"范式"，即使在相反证据出现时也不愿放弃。我对经济学的看法不同。我认为经济学作为一门科学是"水平"进步的（通过增加模型），而不是"垂直"进步的（通过以新模型取代旧模型）。

用现实证据检验。经济学家更常见的策略是，针对一些已有模型似乎无法解释的特定现象或结果，形成新的模型。例如，银行在试图控制对企业的放贷时，会限制贷款额度，而不是设定更高的利率，这看起来是不合情理的。经济学研究者提出了一个新模型，认为它可以更好地解释这一"反常"现象。

对于信贷配给，违约风险是一个看起来合理的解释。如果银行把利率提高到一定的临界点以上，就会刺激企业去赌博，投资于风险越来越大的项目，因为企业承担的损失有一定上限。由于有限责任制的存在，企业在破产时需偿还贷款者的金额可能不会超过其可变现资产的价值。[14]经济学家会依此建立一个模型，并说这是从基本原理中演绎出来的。毕竟，演绎是经济学家广泛接受的科学方法。但事实上，构建该模型的思维方法，有很大的归纳成分。由于设计这个模型就是为了解释一个特定的经验现象，所以我们无法反过来用这个现象来检验它。换言之，信贷配给的做法本身不能构成对该理论的检验，因为该理论本来就是为了解释它而设计的。

而且，即使经济学家遵循真正演绎的、用现实检验假说的研究方式，他们的大部分结论也无法得到任何严格意义上的"检验"。如前所述，经济学中充满了结论互相矛盾的模型。但是，历史上被经济学家彻底放弃、被经济学界视为明显谬误的模型，是极少的。各种各样的模型，都有相当多的学术研究声称能为之提供经验支持。但这些研究通常是脆弱的，常常被后来的经验分析所动摇或推翻。因此，经济学家开发其偏好的模型时往往追逐时髦，或追逐人们对合理建模方式的品鉴，而

第二章　经济学建模科学

不以证据本身的变化为依据。

对经济学的社会学研究是第三章的主题。我的更根本的观点是，由于社会现实的复杂多变，经济学模型必然是难以检验，甚至不可能检验的。首先，人类社会很少能提供毫无瑕疵的证据，让研究者能对替代性假说的有效性得出明确的结论。经济增长的源头是什么？财政政策能否刺激经济？现金转移支付是否有利于减贫？诸如此类的重要问题，大多数无法在实验室里研究。通常，我们所掌握的数据之间的纷乱关系，会让我们难以找到原因。虽然计量经济学家做了最大努力，但已找到的令人信服的因果关系证据依然少得可怜。

一个更大的障碍则是，任何经济学模型都不可能是放之四海而皆准的。即使在物理学中，很多普适法则是否存在，也是有争论的。* 但正如我多次强调的，经济学是不同的。在经济学中，条件无处不在。一种条件下成立的结果，不一定在另一种条件下成立。一些市场是竞争性的，另一些市场则不是。一些问题需要"次优"分析，另一些则不需要。一些政治体系

---

* 物理学家史蒂文·温伯格说："目前已知的物理学法则没有一条是绝对成立和普适的（也许只有量子力学普遍原理是例外）。不过，很多法则已归结为某种终极形式，在特定的已知条件下是成立的。今天称为'麦克斯韦方程组'的关于电场与磁场的方程，已不是麦克斯韦最初写下的方程，而是后来的物理学家在几十年的研究后建立的方程……根据现在的理解，该方程组是对现实的近似反映，在有限的条件下是成立的……但以这一形式、在这一限定条件下成立的该方程组，已存续了100年，也可能永远存续下去。在我看来，物理法则的'真实性'就是这个样子，与我们知道的任何事情的'真实性'是一样的。"Weinberg, "Sokal's Hoax," *New York Review of Books* 43, no. 13 (August 8, 1996): 11–15.

在制定货币政策时面临"时间不一致性"问题，另一些则不会面临这样的问题。像这样的例子还有很多。毫不奇怪的是，不同社会对非常相似的政策干预的反应，往往是大相径庭的，如在国有资产私有化、进口放开等方面。机智的经济学家最终会应用不同模型来理解各种相异的结果。对多种模型的依赖并不代表我们的模型是不合理的，而是反映了社会现实的偶然多变性。

经济学知识的积累不是垂直式的，不是以更好的模型取代旧模型，而是水平式的，是以更新的模型来解释以前未得到解释的社会现象。新模型并不会真的取代旧模型。它们只是提供更适于解释某些情况的一些新维度。

我们可以看看，经济学家对经济学最根本问题的理解是如何演变的。这个问题就是，市场究竟是如何运行的。最初经济学家关注的是完全竞争市场，其中有大量生产者和消费者，每个个体都无法影响市场价格。正是在这种竞争性市场条件下，市场经济的基本效率特性才得以建立。但早期经济学也有一派是分析不完全竞争市场的。这种市场或者是由一个生产者垄断，或者是由多个大公司主宰。众所周知的是，这些市场的运行与标准的完全竞争市场有着根本的不同。

完全竞争市场的形式是单一的，但对不完全竞争市场来说，研究者的想象力有多丰富，其种类就有多少。除了垄断和双寡头垄断以外，还有"垄断竞争"（存在许多家企业，每家在一个品牌上拥有市场支配力），有"贝特朗竞争"和"古诺竞争"（两者对定价机制的假设不同），有静态模型和动态模型（这影响企业之间可以维持共谋的程度），有同时行动和相继行动（这决定是否存在先发优势），如此等等。沿上述维度及其他许多维度，我们可以做出许多假设。而在几十年的建模过程中我们发现，随着假设的不同，不完全市场竞争的结果会呈现千奇百怪的可能性。更重要的是，由于假设的明晰性，我们也知道了每个结果的判断依据是什么。

20世纪70年代，经济学家开始对市场的另一种特征建模——信息不对称。这是现实市场的重要特征之一。工人比雇主更了解自身的工作能力。借款人知道自身的违约可能性，而贷款人不知道。二手车买家不知道自己是不是在买"柠檬"（蹩脚货），而卖家知道。迈克尔·斯宾塞、约瑟夫·斯蒂格利茨和乔治·阿克洛夫的研究表明，这些类型的市场可能呈现多种特征，包括"信号传递"（signaling）（对不会马上带来显著利益的行为做出高成本投资）、"配给"（rationing）（即使面对更高出价也拒绝提供某种商品或服务）和市场崩溃。2001年，三位经济学家凭借这一研究共同荣获诺贝尔经济学奖。他们的研究激发了大量后续研究成果，至今还源源不绝。我们也因此对存在大量信息不对称现象的信贷和保险市场的运行，形成了远比以前深入的认识。*

今天，经济学家的注意力日益转向那些消费者行为不是完全理性的市场。这一转向创造了一个新学科——行为经济学，它试图把心理学知识同经济学的标准化建模结合起来。当消费者的行为不能为已有模型解释时，这些新框架就大有用武之地。例如，有人会多走半英里到另一家店买一个便宜2美元的足球，但在买一套昂贵的立体音响时，却不愿做同样的事去节省100美元。当人的行为由习惯或直觉驱动，而不是基于成本收益考虑时，许多标准结论就不再适用。仅举两个例子：根据理论，沉没成本（已付出而无法收回的东西）是无关紧要的，会计成本和机会成本（人们所放弃的选择具有的价值）是等值的，但在行为人不完全理性时，这两条是不成立的。

以上管中窥豹式的叙述，应该可以让读者意识到，经济学

---

* 在诺贝尔获奖演说中，阿克洛夫如此描述他参与的这场经济学建模方式的转变："在20世纪60年代初，标准的微观经济学理论几乎都以完全竞争一般均衡模型为依据。到了20世纪90年代，对这个模型的研究只是经济学理论的一个分支。当时，标准的经济学理论文章的风格与现在大相径庭，人们会因特定市场、特定情况的需要而裁剪经济学模型。而在这种新风格中，经济学理论不再只是探索除了完全竞争市场这一种模型之外，还有哪些别的可能性。相反，在这种新风格中，经济学家量身定做模型来描述他们考虑的特殊问题，描述相关现实的突出特征。完全竞争模型现在只是诸多模型中的一种，尽管它自身也是个有趣的特例。鉴于'柠檬市场'研究（阿克洛夫以此获得诺贝尔奖）是代表这种经济学新风格的一篇早期论文，所以其源起和历史也是这场变迁中的一段传奇。" Akerlof, "Writing the 'The Market for "Lemons"': A Personal and Interpretive Essay"（2001年诺贝尔获奖演讲），http://www.nobelprize.org/nobel_prizes/economic-sciences/laureates/2001/akerlof-article.html?utm_source=facebook&utm_medium=social&utm_campaign=facebook_page。

使用的解释性模型正在变得多么多样化。除了竞争模型之外，现在还有不完全竞争模型、信息不对称和行为经济学。理想化的完美市场，已经让位于可能以各种方式失灵的市场。心理学发现已经让理性行为假设千疮百孔。经济学模型扩展的源头通常是，一些经验现象似乎与已有的模型相悖。例如，为什么许多企业付给员工的工资，要比看起来类似的劳动者的同期市场价格高很多？[15]为什么当托儿所开始对接孩子迟到的父母罚款时，更多的父母反而会选择迟到？* 每个问题都促使人们建立新的模型。

新模型并不会使老模型变得错误或适用性降低。新模型只是拓展了经济学知识的边界。在解释许多现实问题时，平凡的完全竞争市场模型依然不可取代。在很多情况下，我们都没有必要担心信息不对称问题，例如在日常购买简单消费品的时候，因为人们在长期购买中会了解商品质量、耐用性等相关特征。如果我们假设消费者行为总是由直觉驱动，理性几乎不起作用，我们将大错特错。老模型依然有用，我们只是不断添加新的。

这是进步吗？当然是。经济学家对市场的理解从未像今天

---

* 这个例子载于 Uri Gneezy and Aldo Rustichini, "A Fine Is a Price," *Journal of Legal Studies* 29, no. 1 (January 2000): 1–17。这是一家以色列托儿所做的著名实验。两位作者的解释是，这是因为父母做决定时所处的信息环境发生了变化。某种意义上，这种解释大体上不违背通常的理性假设。另一种解释是，这是因为在实行罚款后，人的行为规范发生了变化，见 Samuel Bowles, "Machiowelli's Mistake: Why Good Laws Are No Substitute for Good Citizens"（未出版手稿，2014）。

这样成熟。但这与自然科学的进步方式不同。经济学水平式的扩展方式，意味着它并不假定存在某种等待发现的固定的自然法则。它只是试图揭示和理解社会的多种可能性。

伊扎克·吉勒博阿（Itzhak Gilboa）与其合作者区分了基于规则的学习和基于案例的学习，这一区分与我们讨论的问题颇有相似之处。[16]他们写道："在日常生活和职业生活中，人们在预测、分类、诊断和做出伦理与法律判断时，既运用基于规则的思考，也运用基于案例的思考。"基于规则的思考的优点是，能以简洁方式梳理大量信息，但在具体应用中也许会牺牲一些准确性。基于案例的思考则靠做比较，分析具有相似性的其他案例。当必须牺牲很多相关性才能把相关数据强行归纳为简明的规则时，基于案例的思考就更有用。如吉勒博阿与合作者所写的："如果我们把科学知识也视为案例的集合，就更能理解经济学中一些新兴的研究方式。"从这个角度看，经济学以增加有用案例的方式实现进步。

模型与经验模型

模型的多样性是经济学的力量所在。但对于一门自称是科学的学科来说，多样性也会被视为问题。哪种科学对各种不同对象应用不同的模型？如果按照吉勒博阿与其合作者的类比，把经济学视为案例的集合，这种集合真的会成为科学吗？

可以，只要我们始终记住，模型中包含着关于其适用条件的信息。模型告诉我们，我们什么时候可以用它们，什么时候不能用。再做一个类比：经济学模型作为一个个案例，就像附带着明确的使用说明，告诉人们该如何应用。这是因为，模型都明晰展示了自身的关键假设和行为机制。

这意味着，在任何具体条件下，我们都能至少在理论上，对有用和无用的模型进行区分。例如，对个人电脑产业，我们应该应用竞争市场模型还是垄断模型？答案取决于，是不是存在显著壁垒（如巨大的沉没成本或反竞争行为）阻止潜在竞争者进入这个市场。我们应不应担心"荷兰病"、贸易转移等"次优"现象的存在？答案主要取决于，一些具体的市场不完美（如针对第三国的制造业和贸易壁垒导致的技术溢出效应）是否存在，是否足够明显。事实上，在不同模型之间做出选择，涉及很多工作，我将在第三章做更全面的叙述。但正因为模型明确道出了要得出一定的结论所需要的具体假设是什么，所以我们可以根据假设条件来对模型分类。模型的多样性并不意味着怎么做都可以，而只是说我们有一个可选择的菜单，而且需要经验方法来做出选择。

我不想宣称经验检验肯定而且总是有效，但即使在根据经验数据导不出明确结论的情况下，模型也有助于理性的、建设性的讨论，因为它们能澄清分歧的根源何在。在经济学中，政策讨论通常意味着不同模型之间的较量。无法得到某个模型支持的观点和政策药方，通常无法立足。而一旦模型被构建出来，所有人都将看到双方对现实的假设是什么。这也许无法解决分歧，而且通常也确实解决不了，因为双方很可能从不同角度来解读现实。但至少我们可以期待，双方最终会就他们的分歧何在达成共识。

在经济学中，永远存在这样的争论。例如，具有再分配效果的税收会带来什么样的影响，围绕这个问题的争议，最终基本上归结为企业家的劳动力供给曲线是什么样子的。有的人认为企业家精神对收入激励的反应不敏感，有的人则相信企业家精神对此高度敏感，后一种人对税收提高的担忧就强烈得多。也许在经济学中争论最激烈的问题是货币政策和财政政策在经济衰退中的作用。这些争论的主要焦点在于，是需求曲线还是供给曲线妨碍了经济复苏。如果你认为总需求不足，你通常就会支持货币和财政刺激。如果你认为问题在于税收过高、政策不确定等因素造成的供给冲击，你开出的药方就会大不相同。有的时候，经验证据会丰富到一定程度，促使多数经济学家更倾向于一类模型。例如，在发展经济学中就发生过这种情况。在 20 世纪 60 年代，证据显示，贫穷农民对价格的敏感程度大大超过了许多人之前的预料，于是研究者放弃了无知农民的假说，代之以精于计算的农民模型。*

我曾参与过一场争论，是关于产业政策在中低收入国家的作用。[17]产业政策是指政府通过低息信贷、补贴等措施来促进结构转型，从自给自足农业等传统低生产率的经济活动转向制

---

* 诺贝尔经济学奖得主西奥多·舒尔茨是这场转变的领路人。Schultz, *Transforming Traditional Agriculture* (New Haven, CT: Yale University Press, 1964)。

造业等现代高生产率产业。传统上批评者嘲讽这些政策是"人为挑选赢家"的策略，换言之，注定徒劳无功。但多年的经济学研究逐渐澄清，在发展中国家的经济环境中，执行这些政策有其充分的理由。由于多种多样的原因（既涉及市场失灵也涉及政府失灵），只依赖市场力量的话，现代企业和产业会达不到其应有的规模。研究还显示，政府有很多方式，可以在不人为挑选赢家的情况下，激发积极的结构性转型。例如，政府可以像风险投资公司一样，投资于一些新兴产业。尤其是，很多模型已阐明，问题的关键不在于产业政策和经济学，而是政府的性质。如果政府能发挥积极作用，（至少时不时地）有效干预，那么某些类型的产业政策就是可行的。但如果政府腐败到不可救药，产业政策很可能让事情变得更糟。请注意，在这个例子里，研究使得分歧缩小到了一个经济学家没有特殊专长的领域——公共管理。

模型、权威与等级

著名经济学家卡门·莱因哈特（Carmen Reinhart）和肯尼斯·罗高夫（Kenneth Rogoff）在 2010 年发表了一篇论文。此文后来成为一场关系重大的政治斗争的弹药。[18]该论文似乎显示，公共债务占 GDP 的比例如果超过 90%，就会显著损害经济增长。保守派的美国政治家和欧盟官员迅速抓住该文，作为他们持续呼吁财政紧缩的依据。尽管莱因哈特和罗高夫对其研究结果的解读要谨慎得多，但财政保守派把此文作为首要证据，来支持其在经济下行期还是要削减公共开支的主张。

后来，马萨诸塞大学安姆斯特分校的经济学研究生托马斯·赫恩登（Thomas Herndon）做了一件学者通常会做的事：重复别人的研究并加以批评。除了一个相对不重要的电子表格错误外，他还发现，莱因哈特和罗高夫在初始研究中的一些方法选择，会损害其结论的稳健性。最重要的是，虽然债务水平和经济增速的确有负相关关系，但似乎没有充足的证据证明，存在90%的临界点。而且，像很多其他人也论称的那样，这种相关性的根源可能是低增长率导致了高负债率，而不是相反。赫恩登和同校教授迈克尔·阿什（Michael Ash）、罗伯特·波林（Robert Pollin）一起发表了这篇批评文章，引起了轩然大波。[19]

因为当时90%临界点的说法已饱含政治气息，所以，推翻这一说法也产生了更广泛的政治蕴意。许多评论者指责莱因哈特和罗高夫是自愿甚至故意参与到一场政治欺骗游戏之中，二人对此做了激烈反驳。他们为自己的经验研究方法辩护，并坚称他们不是批评者所描绘的那种"赤字鹰派"。尽管他们抗议，但还是被指责为一些事实上缺乏证据支持的政策提供了学术掩护。

事实上，围绕莱因哈特和罗高夫的研究展开的争议，反而掩盖了另一件重要事情的光芒：什么才是检验和改进经济学研究的有益进程。莱因哈特和罗高夫很快就承认了他们犯下的电子表格错误。论辩双方的分析也澄清了他们所用数据的性质和局限，以及其他的分析方法会使结论发生什么变化。最终人们发现，在证据说明了什么、其政策含意是什么这两方面，莱因哈特和罗高夫与其批评者的分歧也许并不大。显然，他们并不认为存在严格的90%的临界点，也赞同对高债务和低增长之间的关系，可以做各种不同的解读。这场风波的平息说明，经济学可以按科学规则的方式进步。无论双方的政治观点有多大差异，双方对于什么构成有效证据毕竟有着相同的理解，而且在大多数情况下，能以共同认可的方式解决分歧。

媒体经常把这场争吵描绘为两位世界闻名的哈佛大学经济学家，被一个名不见经传的研究生拉下马。这基本上是在耸人听闻。但这场交锋的确说明了经济学的一个重要特征，也是经济学与其他科学的共同特征：最终，决定一项研究是否具有权威性的不是研究者的所在机构、地位或社会关系，而是它在多大程度上符合经济学自身的研究标准。经济学研究的权威性来自其内在性质，如逻辑是否连贯严密、证据是否可信等，而不是研究者的身份、社会关系或意识形态。因为这些都是经济学界的通行标准，所以任何研究者都可直接指斥劣质的研究。*

如果你考虑到，和许多其他社会科学或者多数人文学科相

---

* 关于哪些社会科学的举证和论证标准符合这个要求，哪些不符合，可参考 Jon Elster, *Explaining Social Behavior: More Nuts and Bolts for the Social Sciences* (Cambridge: Cambridge University Press, 2007)，尤其是第445—467页。对经济学有一种非常不同的解读，可参见 Marion Fourcade, Etienne Ollion, and Yann Algan, *The Superiority of Economists*, MaxPo Discussion Paper 14/3（转下页）

比这个例子是多么非同寻常，你就会更加觉得印象深刻了。*在经济学界，一名研究生挑战一位高级学者，时常能取得一定的成功，而在上述其他领域，这样的情况极为罕见。因为模型使人们可以挑出错误并公之于众，所以在经济学界，任何人都能进行这样的挑战。

不过，这种看起来很民主的思想交流方式，也有不那么好的另一面。因为经济学家共用一套语言和方法，他们就倾向于无视或轻视非经济学家的观点。除非批评者愿意遵守经济学界的"交战规则"，否则他们不会被严肃对待，而是会被问及"你的模型是什么？""证据在哪里？"。只有正式的经济学者才被视为有资格参与辩论的人。这就造成了一个矛盾现象：经济学对来自内部的批评高度敏感，但对来自外部的批评极为麻木。

（接上页）（Paris：Max Planck Sciences Po Center on Coping with Instability in Market Societies, 2014）。这些作者认为，经济学界对如何判断学术质量高下的共识，是由于顶级经济学院校实行严格的内部监督。经济学像许多自然科学一样，有一套通行标准来判断研究质量，也是对这种共识存在的一个令人信服的解释。

* 一个著名的恶作剧是，物理学家艾伦·索卡尔（Alan Sokal）向一家顶级文化研究杂志提交了一篇论文，讲述量子引力学如何能创造一种"自由后现代科学"。这篇文章刻意模仿了文化研究学术界时髦的晦涩论证风格，立即被编辑发表。索卡尔随即宣布，他是想看该杂志会不会发表这么一篇"充满了胡说八道"的论文，以此来检验学科的智力水准。Sokal, "A Physicist Experiments with Cultural Studies," April 15, 1996, http：//www.physics.nyu.edu/sokal/lingua_franca_v4.pdf。

错误与"连错都不算"

瑞士、奥地利双重国籍的物理学家沃尔夫冈·泡利（Wolfgang Pauli）是量子物理学的开拓者之一，以高标准和机智著名。年轻时，作为一位不知名的学生，他曾在一次学术讨论会上这样对爱因斯坦的一段话表示赞同："你知道，爱因斯坦先生所说的不是那么蠢。"泡利最不喜欢的是那些自称是科学但没有清晰表达也无法验证的观点。一次，一位更年轻的物理学家给了他一篇这样的研究，他回答说："这连错都不算。"[20]

泡利的意思可能是，这篇文章无法反驳，因为里边没有清晰连贯的论证。此文的假设、因果关系和含意模糊不清，使得它自称做出的"贡献"，在任何情况下都无法反驳。对于学术努力而言，"连错都不算"可能是最具毁灭性的评语了。我可以作证，这种现象并不罕见。不少座谈会给我的，恰恰就是这种感觉。恕我直言，也请我的非经济学学术同行谅解的是，如果不是我有明显偏见的话，可以说，这种故弄玄虚的行为，在其他学科出现的频率要比在经济学界高得多。

我认为经济学的科学地位并不是特别高。它距离实证主义理想还很远。实证主义最早是由法国哲学家奥古斯特·孔德在19世纪早期阐述的。其理想是，逻辑与证据的结合，能使人对社会生活的性质形成越来越具确定性的理解。*而经济学主张的普遍性、可验证性都是有限的。经济学只是规范化的直觉：通过逻辑来使直觉明晰化，通过可信的证据来强化直觉。爱因斯坦曾说："科学的全部不过就是日常思考的提炼。"[21]经济学家的模型充其量能提供一些这样的提炼，而且并不是很多。

---

* 事实上，根据我的理解，经济学更接近认识论中的实用主义传统，而不是实证主义传统。

第三章　如何选择模型

经济学之所以成为科学，是因为有模型。当我们用模型来强化我们对现实及如何改善现实的理解时，经济学就成为一门有益的科学。确定要运用的模型，就意味着要分析和选择，选择那些看起来适用且有益于某个具体环境的模型，而放弃其他模型。本章的主题就是，在现实中我们是如何进行这种筛选的，更重要的是，应该如何筛选的问题。但首先我要提醒大家：这些方法既是科学也是技艺。良好的判断力和经验是不可或缺的，单纯的学术训练所能实现的效果是有限的。这也许造成了一种结果：经济学研究生课程不怎么关注技艺。

刚从研究所毕业的博士们通常已掌握大量模型，但在如何挑选模型方面，则几乎没有得到任何正式训练——没有课程论文、课外作业、习题集。最终他们运用的模型通常是最新的，是在最近一代研究中最令经济学界感兴趣的模型。最终成为优秀应用经济学家的毕业生们，会逐渐掌握挑选模型的必备技巧，因为他们在职业生涯中要面对各种政策问题和挑战。但遗憾的是，这些能干的实践者很少会费心把自己学到的东西以书或文章的形式系统化，以便于经验较少的经济学研究者掌握。

模型选择不受经济学界重视还缘于学界对自身科学性质的官方表述。如前所述，官方观点是，经济学的前进方式是改善已有的模型，检验各种新假说。模型不断得到完善，最终发现真正普适性的模型。不能通过检验的假说被放弃，通过检验的被保留。在这种思维方式主导下，经济学家基本不会意识到，他们应该在脑子里同时保留多种模型，并思考如何根据具体条件选择适用的模型。

如果经济学家只做理论分析，只是不断扩充模型的集合，在这种情况下，他们不可能造成多大的现实危害。但是，大多数经济学家也参与更为现实的事务。具体而言，他们关心两个互有关联的问题：现实是如何运行的，我们可以怎样来改善现实。鉴于经济学家的研究在公共讨论中备受关注，可以说，世人也期望他们的研究具有现实意义。通常，回答第二个问题，需要先回答第一个问题。实证分析（positive analysis）关心现实是什么，规范分析关心现实应该是什么样的，这二者是紧密交织在一起的。而在经济学中，两个问题都会转化为这个问题：背后的模型是什么。

我已强调过，模型从来都不是对任何现实的准确描述。如戴维·科兰德（David Colander）和罗兰·库珀斯（Roland Kupers）所说，"科学模型充其量只是提供半真半假的东西"[1]。因此，当经济学家问"背后的模型是什么"时，他们并不是在要求以最精确的方式展现他们恰好在分析的对象，如市场、地区或国家。即使他们能构建出这样的模型，那也会因过于复杂而毫无用处。他们要求的是，能展示起作用的主要因果机制或路径的模型。这种模型能对现实做出最好的解释，也最能预测我们行为的结果。

假设你的汽车出了问题，你想弄明白问题在哪儿，如何修理。你可以把整车部件一件件拆下，期待最终能发现哪里坏了。这不仅费时，而且不一定能解决问题。毕竟一辆汽车也是一个系统，可能是不同部件的连接失灵了，或者断开了，而不是某个部件的问题。另一种方法是，你可以先试着判断一下，车的问题是哪个子系统（刹车、传送等）造成的。你可以从多种迹象中得出诊断结果：在车熄火前发生了什么，你点火后车是什么反应，等等。当然，如今的维修店通常都有专门的软件，可以进行更全面的分析。这样做，你最终能发现问题所在，也许是冷却或点火系统。然后你就可以只关心这个需要维修的子系统。

汽车的行驶需要所有系统，传送、冷却、点火等。因此我们可以说它们都是汽车行驶的"原因"。但汽车失灵的主要原因，只在于其中的一个系统。对于我们面对的问题来说，其他系统都不是主要因素。如果我们针对这辆车建立一个更复杂、更符合现实的模型，比如做一个相同大小并能行驶的复制品，就像博尔赫斯笔下那张和世界一般大的地图一样，将不会有什么用处。弄明白关键在哪儿，才是真正有用的。同理，"正确"的经济模型应该是这样的：它能提炼出关键的关系，让我们在所有因素中找到真正的原因。我们寻找正确模型的方法，同我们诊断汽车的方法大同小异。

对增长战略的诊断

我自己对诊断最感到惊喜的时刻,是我协助一些发展中国家的政府制定经济方案的时候。这些国家差别很大,从南非到萨尔瓦多,从乌拉圭到埃塞俄比亚。但对每个国家而言,我和同事们面临着同一个核心问题:该国政府应该采取什么样的政策来提高本国经济增速,并提升所有社会阶层尤其是弱势群体的收入?

通常改革建议总是不缺的。

- 一些分析者关注技能、培训和提升该国的人力资本基础。
- 一些人关注宏观经济政策,为增强货币和财政政策出谋划策。
- 一些人认为需要更大程度地向贸易和外国投资放开。
- 一些人认为对私人企业征税过高,其他营商成本也过多。
- 一些人建议推行产业政策,调整经济结构,培育生产率高的新兴产业。
- 一些人建议解决腐败问题,加强产权保护。
- 一些人建议支持基础设施投资。

直到不久之前,世界银行等多边机构通常还会把这些建议全部塞到一份文件里,然后说:"瞧,这就是增长战略。"到了20世纪90年代，决策者被迫承认，这样做的效果不好。面面俱到的发展政策，对这些政府而言是不可能完成的任务。这些政府总是无法完成大部分改革方案。那些完成的则不一定是最重要的改革，所以其经济效果依然微乎其微。而且，外来顾问还会推卸责任，宣称问题出在这些国家的"改革迟滞"或"改革疲劳"。[2]

我和我的同事主张一种更具战略性的做法——优先实施一部分改革。改革必须针对最大的障碍而设定，这样政府就不会浪费大量政治资本，只换来极小的经济增长成果。但上述一长串改革中哪些符合这个要求呢？

答案取决于我们心仪的增长模式。有的人从"新古典主义模型"角度看待增长，他们强调物质资本和人力资本的供给，力主消除这方面的障碍。有的人更喜欢"内生增长模型"，认为增长的驱动力是对新技术的投资，他们会关注市场竞争和创新的环境。有的人习惯使用以制度质量为核心的模型，他们会关注产权和合同执行。有的人浸淫于"二元经济"模型，他们会关注结构性转型的条件，以及如何从温饱型农业等传统经济活动向现代企业和产业转型。上述每种模型都是一个不同的切入点，并强调不同的侧重点。

一旦我们明白我们的政策分歧是因为我们心仪的模型不同，讨论就变得清晰多了。这时我们就能理解每个人观点都是从哪里来的。更重要的是，我们这时可以开始缩小分歧，其方法是用手头已有的证据来非正式地检验不同的模型。如果某个模型是正确的，即它在这个具体案例中反映了最重要的促进增长的机制，那么我们应该能看到什么样的证据呢？两个模型有着不同含意，什么样的证据能帮助我们确定哪一个更适用？因为我们没有条件等待所有必需的数据都收集到位，也不能对现实经济开展随机实验或室内试验，所以我们不得不利用手上已有的证据，及时做这样的检验。

最终，我们画出了一棵决策树，它可以帮我们在潜在模型中做出抉择。[3] 图1是决策树的概貌，省略了许多细节。使用时，我们从树的顶端开始，首先要问的是，投资面临的障碍主要在供给方还是在需求方。换言之，投资不足是因为资金供给不足，还是回报率低？如果障碍在供给方，我们就问主要原因是储蓄少还是金融系统运转不良。如果是在需求方，我们就问私人投资回报率低是市场失灵还是政府失灵造成的。如果原因看起来是政府失灵，那是高税收、腐败导致的，还是政策不稳定导致的？如此等等。

在决策树的每个节点上，我们都尝试进行非正式的经验检验，据此来选择适用的模型，不同选择会导向不同路径。例如，如果该经济体的主要问题像新古典主义增长模型显示的那样，是资本供给不足，那么投资和借贷成本将形成负相关关系。资本成本的降低将会带来有力的投资增长。同时，任何来自国外的资金流入的增多，如工人往国内汇款或外国援助，都将激发国内的投资热潮。资本最密集的产业或最依赖借债的产业将是增速最低的产业。我们考察这个模型的含意是不是与该经济体的表现相符？如果是，在回答"背后的模型是什么"时，我们也许就应该说是某种版本的新古典主义增长模型。

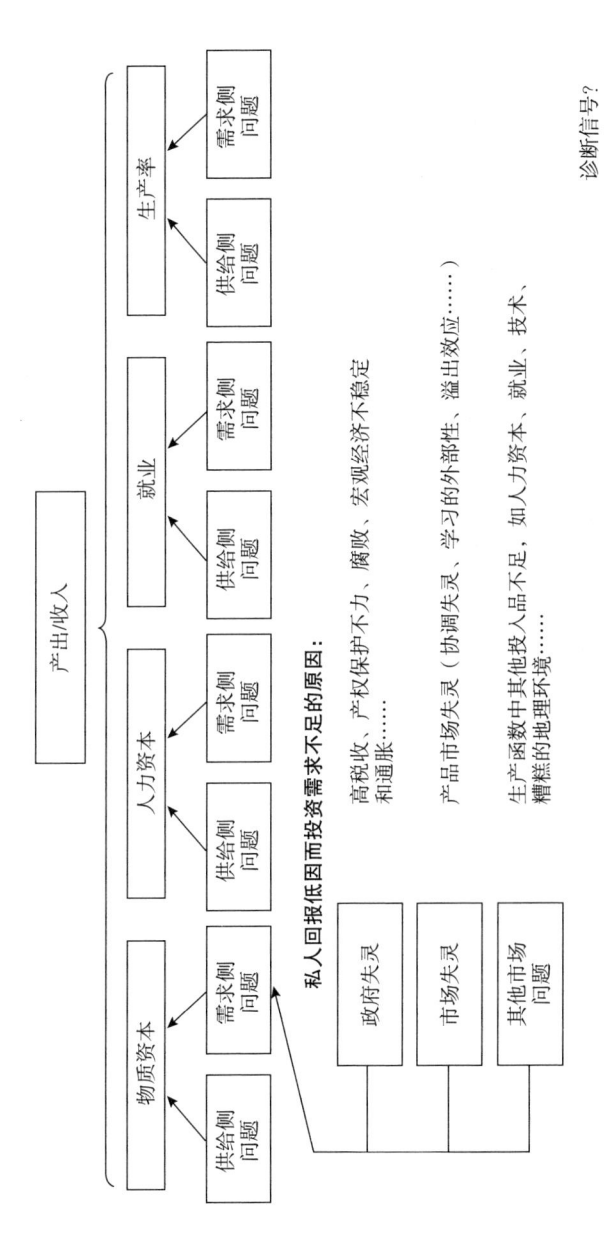

```
                              产出收入
                                 │
   ┌────────────┬────────────┬───┴────────┬────────────┐
  物质资本      人力资本      就业         生产率
   │ │          │ │          │ │          │ │
 供给侧 需求侧  供给侧 需求侧  供给侧 需求侧  供给侧 需求侧
 问题   问题    问题   问题    问题   问题    问题   问题
```

私人回报低因而投资需求不足的原因：

- 政府失灵 —— 高税收，产权保护不力，腐败，宏观经济不稳定和通胀……
- 市场失灵 —— 产品市场失灵（协调失灵，学习的外部性，溢出效应……）
- 其他市场问题 —— 生产函数中其他投入品不足，如人力资本，就业，技术，糟糕的地理环境……

诊断信号？

图1 从增长模型到增长诊断

注：只给出了某些细节。

资料来源：Dani Rodrik, "Diagnostics before Prescription," *Journal of Economic Perspectives* 24, no. 3 (Summer 2010): 33–34.

另一方面，如果该经济体面临投资需求不足问题，私人投资将主要因商品市场利润率的变化而变化。例如，如果企业家因腐败而止步不前，他们的首要担心是能不能保持自己的投资收益。在这种情况下，资金供给的多寡不会给他们的行为带来多大改变，海外汇款或外来资本流入的大增，将带来消费繁荣而不是投资热潮（如图1所示）。由模型推导出的这些含意，也可以用观察到的现实来检验。[4]

已有的证据通常很少能一劳永逸地解决问题，但尽管如此，我们以它们为依据，总是能让一长串可能存在的缺陷变得短很多。在研究南非的情况时，我们很快就把一些决策者关心的传统缺陷否定了，如技能短缺、治理不善、宏观经济不稳定、基础设施不良、外贸开放度不够等。从近年南非经济的表现来看，这些都不可能是增长的主要障碍。以模型为基础的思路，使我们必须从经济整体的角度来思考（即一般均衡，而不是局部均衡）。例如，南非商人常抱怨，很难找到高技能工人，这让很多观察者相信，技能短缺是主要障碍之一。但一个事实证伪了这一观点：南非经济发展最快的部门其实是技能密集型产业，如金融业。因此，拖整体经济增长后腿的因素，不可能是技能短缺。相反，我们的分析框架揭示出一些关键的问题领域：低技能劳工成本高，大多数制造业极度缺乏竞争力等。[5]

诊断分析的优点在于，它不假设单一模型能适用于所有国家。当我们研究中美洲的萨尔瓦多时，从中得出的结论是，一个描述现代产业中市场失灵的模型，可以更好地解释该国的经济困境。资金不足，制度和政策不良，劳工技能低、成本高，以及其他可能因素，都不能解释该国的低投资、低增长。例如，萨尔瓦多得到了大量的国外汇款，同时因信用评级较高，能顺畅地从国际资本市场融资。因此，问题不在于投资的供给方。相反，低投资的原因似乎是，在那些更为现代化、生产率较高的产业中，开办企业的难度较大。这在一定程度上是因为广泛存在的协调失灵，即我在第一章中探讨过的情况。例如，如果没有往来美国市场的频繁空运服务，菠萝罐头的生产就难以盈利。但是，如果没有大量出口商，如菠萝罐头厂，空运业也难以盈利。另一个问题是，在这些新产业的成本与市场方面，相关的信息不足，因为没有先锋企业，如果有的话，其经验能为跃跃欲试者提供有益的启示。因此，我们提出的政策建议就集中于这些具体的问题。[6]

这种诊断的思路也不认为，适用某国的基本模型不会因时间而变化。当情况变化时，换一种模型可能更适合。事实上，如果最初的诊断是基本正确的，政府也有效解决了存在的问题，那么其背后的基本模型也必然要调整。例如，当现代制造业中的市场失灵问题被克服后，基础设施瓶颈（如港口、能源）也许会变得严峻得多。或者，技能短缺可能会成为更主要的障碍。模型选择是一个动态过程，而不是一劳永逸的。

模型选择的一般原理

现在，我们从增长问题诊断的具体细节中走出来。经验能帮助我们确定一些一般规则的做法。关键的技巧是，要能在各种候选模型和现实之间反复对矫。我们且把这个过程称为"验证"。有四种不同的验证策略，模型选择过程依赖这四种策略的某种组合。

1. 验证模型的关键假设，看它能在多大程度上反映我们考虑的现实情况。
2. 确认模型所假设的机制的确是在现实中运行的。
3. 确认模型的直接含意是符合现实的。
4. 验证模型的"副产品"（即模型的附带含意）是不是大体上与观察到的结果不相悖。

验证关键假设

如前所述，一个模型是否有经验相关性，取决于其关键假设在多大程度上符合现实。这些假设变得更符合现实后，产生的结果将有实质性区别。从这个意义上说，许多假设也许无关紧要。其他假设对于模型要回答的某些类型的问题而言，可能是关键的，对其他问题则不然。

我们考虑一种情况：某国政府担心高油价，考虑是不是要设置价格上限。要回答这个问题，首先要对石油市场的运行形成一种认识，即形成一个模型。让我们把问题高度简化，只考虑两个彼此竞争的模型：竞争市场模型和垄断模型。在竞争市场模型的支持者看来，高油价的原因是供不应求。根据该模型，对石油公司设定价格上限将不会有多大效果。如果设限，消费者需求的石油量和生产者愿意供给的石油量之间会产生缺口。这会造成配给、排队等现象，进而消除这一缺口。事实上，随着总供给下降，石油的市场价格反而可能上涨。一些排在前面的人或得到配给的人，也许能以较低的价格得到石油，但这必然会造成其他人支付更高的价格。总体上看这不是一项好政策。

在垄断模型的支持者看来，高油价的原因在于，石油产业是一个卡特尔。根据该模型，石油业通过限制对市场的供给，制造一种人为短缺，从而实现价格上涨，增加该产业的利润。在这一模型中设定价格上限，将会造成非常不同的结果。如果上限得到执行，石油企业就不能再通过改变供给量来决定市场价格，而是成了价格的接受者，换言之，其行为方式将变得和竞争市场模型中的企业一样。* 如果价格上限不是设得太低，总供给将提高，市场价格将下跌，卡特尔将会崩溃。在这种情况下，设定价格上限是一项有效政策，因为它可以打破垄断。

在这两个模型对现实的描述中，有哪些关键和非关键假

---

* 在此我对卡特尔的一些运行机制问题忽略不计，仅假设该卡特尔构成一种全面的垄断。

设？首先，两个模型都是描述石油业的供给方，即石油企业的行为。所以，我们可以不考虑两个模型对消费者及其决策所做的假设。消费者是否完全理性，是否掌握充足信息，收入水平和偏好是否有差异，视野是长远还是短暂，都关系不大。在需求方，唯一的关键假设是，存在一条向下倾斜的市场需求曲线，意味着在其他条件不变的情况下，油价上升会导致石油消费减少。这一命题在非常多的情况下是可信的，并可得到证据的支持。在某些情况下，其他假设也许会变成关键假设（比如当我们探讨石油税的分配效应时），但是在这个例子中，这些假设无助于我们对两个模型的选择。另一个假设是，石油企业除定价行为外，不做其他的策略考虑。这样一来，我们也可以忽略企业招聘、广告策略等方面的明确或隐含假设。

这里真正的关键假设是，在一个模型里企业有市场支配权，而在另一个模型里没有。在垄断模型里，企业认为它们可以通过限制供给来提高市场价格，而在竞争市场模型中，企业没有这样的预期。从某种意义上说，这是有关企业心理的假设。我们不可能钻到企业经理的脑子里去了解他们的真实想法。而且由于他们与此事利害相关，所以直接询问他们也无法得到可靠的答案。但是，我们可以通过分析常见的情况来判断某些具体的想法是否可信。

石油企业的数量和规模分布是一个重要因素。如果企业数量众多，而且没有主导性企业，那么各企业既不能也不愿以非竞争的方式行动。新企业进入该产业的难易程度如何，也是个重要因素。即使极少数企业已经占据了市场,但如果存在新竞争者进入的威胁,它们就会有所顾忌而不敢动用市场支配权。再者,石油产业是全球性的,而非国家性的。即使在进口量不大的情况下,来自外国生产者的竞争也能成为迫使企业遵守市场规则的补充力量。最后,消费者越是能用其他能源替代石油,石油企业动用市场支配权的能力就越小。理论上,所有上述因素都是可观察、可衡量的。实际上,各国反垄断当局在怀疑企业拥有并滥用市场支配权时,经常进行这样的诊断。

模型里经常有未明确阐述的关键假设。如果不能仔细检查这些假设,实践中就可能会出严重的问题。在二十世纪八九十年代的市场自由化热潮中,经济学家和决策者对此有惨痛教训。当时许多人认为,只要放开价格、打破市场限制,市场就能正常运转,有效配置资源。但是,所有的市场经济模型都以对各种社会、法律与政治制度的假设为前提。产权必须得到保护,合同必须得到执行,竞争必须公平,盗窃和敲诈必须避免,公正必须得到维护。在这些制度基础缺失或薄弱的地方,如大部分发展中国家,放开市场不仅不能带来预期效果,反而会有反作用。例如,前苏联地区国有企业的私有化,就滋长了内部人和政治家亲信的力量,而未能带来有效率的市场。因为发达市场经济国家已经拥有了支撑市场的良好制度,所以市场有效率背后的这些关键假设,就被忽略了。西方经济学家将它们视为理所当然。

一旦发展中国家令人失望的经济表现暴露出研究者的盲点,他们就会以通常的方式做出反应:构建一些能反映制度重要性的新模型。这是对古老智慧的重新发现：亚当·斯密本人曾强调，政府在确保自由竞争环境方面扮演着重要角色；道格拉斯·诺斯等经济史学家也早就指出，英国崛起为经济强国的原因之一是其产权保护的进步。[7]以模型来严格表达并引申这些思想，可以帮助经济学家更深刻地理解经济表现是如何取决于这些制度的存在、多样性与形态的。拜这些模型所赐，制度对驱动经济发展的关键作用，再次成为最受关注的话题之一。

验证机制

模型把假设和因果机制结合在一起，据此来推导结论。在石油例子中，企业供给和市场价格的关系是一个关键机制：当石油企业限制供给时，市场价格上升；当供给增加时，市场价格下降。请注意，模型并不假设现实就是如此，这只是可以从模型中推导出来的含意。企业供给与市场价格的这一关系并不是一个假设，而是从两个假设推导出的结果。这两个假设是：需求曲线向下倾斜，市场价格由供给量和需求量的平衡点决定。

在石油例子中，这是个相当平淡无奇的机制，很容易得到验证。供给量和价格之间的这一关系符合直觉，也有很多现实例证说明供给冲击给价格造成的影响符合模型假设的方向，如1973—1974年的石油危机。需求曲线和市场均衡都是抽象概念，没有实存的对应物，我们相信该模型所依赖的机制是合理的，并不以看到某条需求曲线、知道某个市场均衡的技术定义为前提。但在其他情况下，模型的机制可能源于更复杂的行为，也许需要更有力的证据。如果证据很脆弱，我们就应该考虑这样的模型是不是真的适用。

我们再看看"荷兰病"模型的例子。该模型解释了自然资源的发现可能以某种特殊方式损害一国的经济表现。在资源繁荣的影响下，该国的汇率会升值，制造业的利润率会下降。因为通常认为对整个经济来说，制造业是技术动态变化的重要来源（用经济学家的行话来说是"正面溢出效应"），所以制造业遭受的冲击会转变为更大的损失。在这个模型中，实际汇率和制造业健康之间的联系很关键。如果我们想用该模型来解释某个资源富饶国家的情况，就必须让自己确信，该国制造业的境况的确恶化了。如果该模型的运行机制无法得到现实证据的支持，我们恐怕就难以用它来理解现实，也许就需要换一个模型来解释为什么资源繁荣可能是坏消息。例如这样一个模型：它描述了资源带来的财政收入如何激发了相互竞争的精英之间的冲突，造成内部争斗与不稳定。在这种情况下，因果机制是截然不同的，但新机制仍然需要验证。

验证直接含意

许多模型就是人们为了解释常见的现象而构建的，所以，模型的直接含意必然与现实相符。但还有一些模型是以初始原理为基础构建的，使用了经济学界推崇的一些建模元件。这些模型也许在数学上很精妙，并与时下流行的建模惯例相符，然而它们并不因此而必然更有用，尤其是当其结论与现实的相符程度较低时。

宏观经济学家尤其容易表现出这个问题。近几十年来，他们投入了大量精力来构建一些宏观模型，这些模型需要运用复杂的数学工具，模型中的角色是完全理性、永久存活的个体，在不确定背景下解决复杂的动态最优化问题。用经济学的行话说，这些模型"有微观基础"，也就是说其宏观层面的含意是从个体行为中推导出来的，而不是直接做出假设。理论上这是个好事。例如，总储蓄行为是从最优化问题推导出来的：一个典型消费者在生命周期内的（跨期）预算约束下，如何使其消费最大化。* 相比之下，凯恩斯主义模型是走捷径，假设储蓄和国民收入之间存在固定关系。

但是，这些模型对理解宏观经济学的经典问题作用有限，比如为什么会出现经济繁荣与衰退的交替，失业的原因是什么，财政和货币政策对稳定经济有什么作用等。为了让模型更容易处理，经济学家忽略了很多现实的重要特征。具体而言，他们假设劳动力、资本和商品市场的不完美和摩擦是不存在的。经济的周期波动被归因于科技和消费者偏好受到模糊的外

---

* 这些"真实商业周期"（RBC）模型的一个早期例子是 Finn E. Kydland and Edward C. Prescott, "Time to Build and Aggregate Fluctuations," *Econometrica* 50, no. 6 (1982): 1345–1370。

部"冲击"。在他们看来，失业者不是想找却找不到工作的人，而是代表了劳动者在闲暇与工作之间做出的最优权衡。也许毫不奇怪的是，这些模型在预测通胀、增长率等重要宏观经济变量方面表现很差。[8]

在经济平稳增长、失业率不高的时期，这些缺陷不是很明显。但在2008—2009年金融危机之后，这些模型的失败变得更加明显，同时也代价高昂。对于这次危机后经济衰退的深重程度和持续时间之长，这些新奇的模型完全无法解释。至少，它们应该更多考虑到现实金融市场的不完美。传统的凯恩斯主义模型虽然缺少微观基础，但能解释持续的高失业现象，在今天似乎显得无比切合现实。但这些新模型的鼓吹者不愿放弃，不是因为这些模型更好地反映了现实，而是因为这些模型具备了"该有的样子"。他们对建模方式的偏好压倒了对现实的推理。

经济学家对特定建模方式的依恋，如理性、前瞻性的个人与运转良好的市场等，经常使他们忽视模型与现实的明显冲突。耶鲁大学博弈论研究者巴里·奈尔伯夫（Barry Nalebuff）比多数人更贴近现实，但即便是他，也遇到了麻烦。一天深夜，奈尔伯夫和另一位博弈论研究者在以色列上了一辆出租车。司机没有打表，但承诺他们，下车时的收费将低于计价器本来会显示的金额。奈尔伯夫和同事没有理由相信这位司机。但作为博弈论研究者，他们做出这样的推理：一旦到达目的地，司机的议价权将微乎其微，将不得不接受他们愿意支付的价格。于是他们断定，司机的提议是一桩好买卖，于是就这样出发了。到达目的地后，司机要求支付2500谢克尔。奈尔伯夫拒绝，提出支付2200谢克尔。当奈尔伯夫试图谈判时，被激怒的司机锁上了车门，把他们关在里边，并以极快的速度返回到出发点。司机把他们扔到人行道上，并喊道："现在看看你们的2200谢克尔能把你们带到哪儿！"[9]

可见，标准的博弈论很难预测真实世界的变化。奈尔伯夫和他的同事也许运用一点点归纳法，打一开始就能明白，在现实中人的行为方式与理论家的模型中那些机械的理性人根本不一样！

在今天，他们也许不会做出同样的误判，因为实验研究已经普及化，而且博弈论研究者也更能理解在哪些情况下他们做出的标准化预测会出错。我们看看"最后通牒博弈"，其中的算计能让人联想起这起出租车交易。假设两个人必须就如何分配100美元达成一致，甲提出建议，乙只能选择接受或拒绝。如果乙接受，双方根据达成的共识分配；如果乙拒绝，二人就都一分不得。如果甲乙都是"理性"的，甲将几乎把100美元都分给自己，只留给乙很小的一部分，如1美元，而乙将表示赞同，因为象征性的一点儿钱也比没有好。但在现实中，博弈的结果大相径庭。大多数甲方给乙方留的钱在30—50美元之间，低于30美元的建议通常都会被乙方拒绝。标准的博弈论几乎不能预测这一结果，这就是经济学家转向其他模型的原因之一。行为经济学方面的一些最新研究包含了公平考量，因而更具实用性，与现实中的最后通牒博弈更为相符。

一些实验室研究把人作为实验对象，通常是本科生，这在心理学领域早已司空见惯。拜这些调查之赐，经济学家正在更深入地了解除物质自利之外的人类行为的其他驱动力，如利他、互惠、信任等。如果关于竞争和市场的模型的结果总是被这些实验证伪，他们就放弃或改进这些模型。但至今仍有很多经济学家怀疑实验室研究的价值，因为其中的环境是人为的。他们还论称，这些实验参与者面对的金钱利益通常较小，而且大学生也许难以代表大众。

近年来经济学家已经转向另一种实验——田野实验，它在理论上可以避免遭到这样的批评。通常在这些实验里，经济学家与地方组织合作，随机地把人或社群分为"实验组"和"对照组"，然后观察实验所要验证的具体模型的预测，是不是与现实中的结果相符。这类实验最早的一个尝试是导言提到的墨西哥减贫项目——其名字最初是 Progresa，后改为 Oportunidades，现为 Prospera；项目早在 1997 年启动时就尝试了。该项目是今天流行的有条件现金转移支付项目的先驱。根据这些项目，贫困家庭只要让子女上学，并定期接受健康检查，就能得到收入补助。正如参与设计并实施该项目的经济学家圣地亚哥·莱维所述，其目标是利用一些简单的经济学原理来实现更好的结果。[10]直接发放现金将比已有的食品补贴发挥更好的济贫效果。设计者也希望，有条件的现金转移支付将确保教育和医疗水平的提升。

虽然该项目的规模是全国性的，但实施起来却要逐步推进。于是莱维想到，他能对其有效性进行一次精准的检验。他随机挑选了在该项目早期就参与其中的不同社群，分别建立了实验组和对照组。这样一来，两组实验结果的差异就可以归因于 Progresa 的影响。后续的评估发现，Progresa 使生活在贫困线以下的人数减少了 10%，使男孩的中学入学率上升了 8%，女孩的上升了 14%，使幼童的疾病发生率降低了约 12%。[11]这些积极效果证明该项目的设计思维是对的。受此鼓舞，从巴西到菲律宾的其他许多国家，都启动了类似的有条件现金转移支付项目。

自 Progresa 实验以来，随机田野实验风行一时。运用大体上相同的技术，多种多样的社会政策都得到了评估。仅举两例：在肯尼亚免费分发用杀虫剂处理过的蚊帐，在巴基斯坦向学生父母分发汇报表，让他们报告子女所在学校与同区其他学校的差异。这两个实验本质上都是检验这些政策背后隐含的经济模型：在肯尼亚的例子中，其背后的模型是检验微小的价格因素导致人们不愿使用蚊帐的效果；在巴基斯坦的例子中，其背后的模型是为了评估信息更充分的父母在促进学校教学表现上的作用。两个例子都表明，当人们找准了阻碍现实改善的障碍时，运用设计出来的模型，能产生强大的现实效果。

例如泰德·米格尔（Ted Miguel）和迈克尔·克雷默（Michael Kremer）发现，对肯尼亚中小学生提供一次相对廉价的驱虫治疗，明显提高了入学率，而且最终也提高了他们就业后的工资。[12]埃丝特·迪弗洛等人（Esther Duflo、Rema Hanna and Stephen Ryan）发现，在印度农村地区的教室里安装摄像头，记录教师的出勤状况，使教师逃课行为减少了 21%。[13]但也存在一些负面的实验结果。迄今为止的田野实验表明，小额贷款（通常是发放给女性个人或群体）对减贫并不是很有效。[14]这些结果与小额贷款在发展政策研究界受到的热捧形成了强烈反差，也给一些模型泼了一瓢冷水，这些模型认为，缺乏融资渠道是贫穷家庭面临的最重要障碍之一。

麻省理工学院、耶鲁大学和加州大学伯克利分校都设有重要的研究中心，致力于从事评估政策效果、检验模型的田野实验。田野实验的明显缺点是，它们与经济学许多核心问题的关系很薄弱。比如，人们根本无法对整体经济做实验，验证财政、汇率政策的作用等宏观经济问题。而且，像往常一样，人们必须谨慎解释实验结果，因为这些结果也许无法适用于其他情况，即存在常见的"外部有效性"问题。

经济学家有时用所谓的"自然实验"来检验模型的含意是否正确。这些实验建立在随机基础之上：不是研究者促成的随机性，而是纯粹与研究本身无关的偶然性。在经济学领域，最早的此类实验之一，是麻省理工学院经济学家乔舒亚·安格里斯特研究男子服役经历对其以后在劳动力市场上赚钱能力的影响。为了避免选择参军的男性与不选择的男性可能存在某种固有差异的问题，安格里斯特使用了越南战争时期随机征兵制下的数据。他发现，20世纪70年代初在军队中服役的男性，在10年之后比从未服役过的人的收入少15%左右。[15]

哥伦比亚大学经济学家唐纳德·戴维斯（Donald Davis）和戴维·温斯坦（David Weinstein）利用美国在第二次世界大战中轰炸日本城市的数据来验证两个城市发展模型。一个模型以规模经济效应为基础（随着城市密度的提升生产成本下降），另一个模型以区位优势为基础（如利用天然海港的能力）。尽管美军的轰炸当然不是随机的，但它显然创造了一个条件来检验被严重摧毁的城市是将一蹶不振，还是将反弹并恢复原有地位。以规模经济效应为基础的模型认为，城市在规模被严重缩小后将无法复兴，而区位优势模型的预测则相反。戴维斯和温斯坦发现，在15年时间里，大多数日本城市恢复到了其在战前的相对规模，这为后一种模型提供了支持。[16]

从非正式、轶事性研究到复杂的定量研究，经济学家使用多种多样的策略来检验不同模型的直接含意是否可以得到现实印证。以实验方法进行的检验通常更为可信，前提是实验的条件与相关现实问题足够接近。然而，许多政策问题本身不适合实验，或者需要及时回答，因而不允许研究者从容进行耗时间的田野实验。在这些情况下，只有一个办法，就是敏锐的观察加上常识思维。

验证附带含意

运用模型的一个显著好处是，除了最初的观察或促使人们建模的问题之外，模型还能得出各种各样的其他含意。这些附带含意为正确选择模型提供了进一步的工具。它们使经济学家能从归纳分析回到演绎分析，对模型的选择大有裨益。

20世纪90年代中期，我在研究一个当时经济学界关注甚少的经验现象：国际贸易占经济比重更大的国家有更大的公共部门。最初是耶鲁大学政治学家戴维·卡梅伦（David Cameron）发现，部分国家或地区，即经济合作与发展组织（OECD）的成员，存在这一现象。[17]我的研究表明，几乎全球所有国家都是如此（限于有必需的相关数据的国家）。问题在于，这其中的原因是什么。卡梅伦提出的假说是，公共开支可提供社会保障和稳定机制，因而可以起到缓冲作用，否则经济就不得不承受大量的外部冲击。相关证据显然与这一解释相符。

归纳就到这里。但我们还可以把这个假说再推演一步，探询它对现实还具有哪些含意。这就是演绎阶段的开始。如果卡梅伦的假说是对的，那么经分析，公共部门的规模将会对经济波动程度表现得极为敏感，而不仅仅是受国际贸易影响。基于这一含意，可以再形成一个更精致的假说，并可用数据来检验。我进行了经验检验，考察了外部贸易条件（全球市场上的出口和进口价格）造成的波动的影响，结果与假说相符。我的结论是，认为大规模的公共部门是为了对冲风险的模型对这一现象有很强的解释力。[18]

我和同事在对各国增长问题进行诊断时，也频繁运用这种思路。我们系统性地探究各种假说的附带含意，并检验它们能否成立。第一，如果阻碍一个经济体发展的主要因素是特定领域存在的瓶颈，那么与之相关的资源的价格就应该较高。工厂、设备等物质资本的短缺，将表现为较高的实际利率；技能的短缺将造成劳动力市场中的高技能溢价；基础设施不足将造成电力短缺和道路拥堵，等等。第二，供给不足的资源如果存量发生变化,将给经济活动带来极大的影响。在资本供给不足的经济体中,如果有本国海外居民汇款或其他外部资金流入,投资将会有力恢复;如果是资本收益不足,那么类似的资金流入将刺激消费而不是投资。

第三,严重约束会使企业和家庭做出相关投资,以使自身能绕过这些约束。如果电力供给不足,就会存在大量对私人发电的需求。如果大企业受到的监管过度,企业就会想办法避免其规模变大。如果货币不稳定是个大问题,人们在日常交易和金融交易中就会更多使用外币("美元化")。第四,对短缺资源依赖相对较少的企业,将是表现相对较好的企业。如我在哈佛大学的同事里卡多·豪斯曼(Ricardo Hausmann)常指出的,沙漠里骆驼很多而河马很少的原因很明显:河马依赖水生活,骆驼根本就不需要多少水。* 与此类似,在南非等国唯有技能密集型企业表现得好的原因是,低技能劳动力的成本很高。

再论外部有效性

归根到底,模型的选择与实验室实验或田野实验的外部验证大同小异。一种想法在一个环境(模型)中成立,问题是换一个环境(现实)后,是否同样成立。模型的外部有效性

---

* Hausmann, Klinger and Wagner, *Doing Growth Diagnostics in Practice*. 这本书对"诊断信号"的总结,我在此部分借鉴良多。

取决于它们在什么条件下被应用。一旦我们不再声称我们的模型无处不适用，而是接受偶然性，我们就能恢复模型的经验相关性。

尽管我们已经看到，富于想象力的经验方法的确很有帮助，但模型的外部有效性问题不是一个可以得到纯科学解释的问题。这在很大程度上取决于类比推理的实质是什么。如罗伯特·萨格登（Robert Sugden）所说："模型世界与现实世界之间的鸿沟，必须以归纳推理来跨越……（而这）依赖于对'相似性''突出性'和'可信性'的主观判断。"[19]尽管我们可以想象用形式化或定量方式来表达"相似性"这样的概念，但在大多数情况下，这种形式化都意义不大。要想提高模型的适用性，就必须拥有某种更好的技艺。

第四章　模型与理论

读者也许已经发现，目前为止我基本上没有用"理论"一词。虽然"模型"和"理论"有时被作为同义词使用，而且不仅仅是经济学家这样做，但我们最好还是把它们区分开来。"理论"一词有一种雄心勃勃的意味。其通常的定义是，为解释特定事实或现象而提出的一组理念或假说。在使用时，有时它被假定为已得到检验和证实，有时只是一种断言。广义相对论和弦理论是物理学的两个例子。爱因斯坦的理论被认为已由后来的实验研究彻底证实。较晚提出的弦理论，试图统一物理学中的所有力和粒子，目前为止只得到了很有限的经验支持。由于物种演化需要的时间极长，所以达尔文提出的基于自然选择的进化论，无法得到实验的直接证实，不过有很多证据印证了它。

在这些自然科学界的例子中，理论被认为具有一般、普遍的有效性。进化论在南半球和北半球都适用，甚至可能适用于外星生命。但经济学模型不同，它们取决于具体条件，而且几乎有无穷的多样性。模型充其量只是提供局部的解释，只不过是为阐明特定的相互作用和因果机制而设计的抽象形式。通过把所有其他潜在原因排除在分析之外，这些思想实验试图只集中考察某些具体原因的影响。现实中很多原因可能在同时起作用，所以我们无法用模型来全面解释现实现象。

为了明白模型和理论的区别，以及它们可能的重叠之处，我们应该首先区分三个不同的问题。

第一个是"是什么"（what）的问题，比如 A 对 X 的影响是什么。例如，最低工资标准的上升对就业会产生什么影响？资本流入对一国经济增长率会产生什么影响？政府支出增加对通胀会产生什么影响？如前所述，经济模型回答这些问题的方式是，描述可信的因果机制，并阐明这些机制所依赖的特殊条件。需要注意的是，回答这些问题并不等于做预测，即使我们对模型的正确性已抱有合理的信心。在现实中，除了我们所分析的影响之外，还有很多变化在发生。如果我们预测最低工资标准的提高会导致就业减少，这可能是对的，但在现实中，对劳动力的一般性需求的增加可能扰乱这一结果，依然导致就业增多。像这样的分析正是经济模型适用的领域。

第二个是"为什么"（why）的问题，即如何解释某种现象或变化。工业革命为什么会发生？美国的贫富差距为何在 20 世纪 70 年代后拉大？为什么会发生 2008 年全球金融危机？对每个问题，我们都能设想以某种理论来解释，而且不限于经济学理论。但这些都是具体理论而非普适理论。它们试图阐释特定的历史事件，而不是描述一般性法则或趋势。

不过，对分析者而言，形成这样的理论包含着各种困难。经济学模型通常审视某种特定原因造成的结果，即回答统计学家安德鲁·格尔曼（Andrew Gelman）所说的"正向归因"问题。但是，对事后的结果做出解释，也需要审视所有可能的原因，用格尔曼提出的另一个术语来说，就是"反向归因推理"问题。这需要寻找具体的模型，或不同模型的某种综合，以对所研究的事实做出解释。这个过程涉及模型的选择与分析，即第三章的内容。各种具体模型是构建这些理论的关键因素，这一点后文将会阐述。[1]

第三个是宏大的、永恒的经济学和社会科学问题。什么因素决定着一个社会的收入分配？资本主义是稳定还是不稳定的经济体系？社会合作和信任的源头是什么，为什么在不同社会中表现各异？这些问题都属于宏大理论的领域。成功的回答不仅能解释过去，还能指导未来。理论若能如此成功，就将成为社会科学界的自然物理法则。人们常批评当代经济学没有直面这些宏大问题。比如，今天的卡尔·马克思或亚当·斯密在哪里？如果真有的话，他能不能在某个还像样的大学获得教职？这些都是公允的批评。但对此也有一种合理的反驳：在社会科学中是不可能形成普适理论的，我们至多只能提出一系列基于具体条件的解释。

经济学中确实有一些一般理论，尤其是一些宣称对基于市场的社会如何运作有强大解释力的模型。我们将看到，这些模型的确可能有强大的解释力。但我的观点是，一般经济学理论不过是反映纷繁复杂的经验现象的脚手架。它们是帮助我们梳理思路的一种方式，而不是独一、全能的解释框架。这些理论本身对现实世界的影响甚微。和大量基于具体条件的分析结合在一起后，它们才会有适用性。

接下来我将探讨第二类理论，即解释特定经济变化的理论。我将集中于一个具体问题：为什么20世纪70年代以来美国的贫富差距大幅扩大？我们将评估不同模型对此问题的相对贡献，并说明，尽管这么做依然不足以得出一种广泛认同的决定性理论，但它能深化我们的理解。

价值与价值分配理论

经济学最根本的问题也许是：什么创造了价值？对一个经济学家来说，该问题的意思是：市场经济中不同产品和服务的价格如何解释？经济学中的"价值理论"，在本质上是有关价格形成的理论。也许在当代读者看来，这已不再是根本问题，也不是什么特别有意思的问题，但这不过是因为理论的发展已经穿透了笼罩在该问题上的浓雾，让它不再显得神秘而已。

亚当·斯密、大卫·李嘉图、卡尔·马克思等古典经济学家接受一种观点：生产成本决定价值。如果某种东西的生产成本较高，其价格就必然较高。生产成本又可追溯到付给工人的工资，既包括在生产过程中直接支付的，也包括生产使用机器时间接付给生产机器的工人的工资。这被称为"劳动价值论",不同于之前的理论,如法国重农学派把土地视为价值的终极来源。

但说劳动创造价值是一回事,如何解释工资水平是另一回事。古典经济学家常常对此抱有一种非常悲观的看法。他们假定,工资会徘徊在工人维持吃、穿、住等基本生活所需的水平上。假如工资大大超过这一水平,就将使更多儿童存活下来,从而导致人口和劳动力增多。这又会使工资跌回到其"自然"水平上。因此,经济增长和技术进步的主要受益者将是供给有限的土地的所有者。该观点的代表人物是托马斯·马尔萨斯。正是该观点使 19 世纪作家托马斯·卡莱尔给经济学下了著名断语——"忧郁的科学"(dismal science)。

影响力一直延续到 20 世纪大部分时间的马克思,也接受劳动价值论。他也认为工资被压低了。但根据他的理论,罪魁祸首是资本家,他们剥削工人,并成功地借助"失业后备军"驯服了工人。根据马克思的观点,资本家剥夺了工人创造的剩余价值。但资本家只赢得了"皮洛士式的胜利",因为资本家之间的竞争最终会把利润率压低,引发一场资本主义体系的普遍危机。

劳动价值论认定生产方是决定价格的唯一因素,几乎不涉及消费者。但是,经济中的消费方没有发挥作用吗?消费者偏好及其变化不也会造成价格变动吗?这一古典理论关注长期情况,几乎不对短期波动和相对价格的决定因素进行解释。

19世纪晚期的"边际主义"革命,才综合了供给与需求两方面的价格决定理论。杰文斯、瓦尔拉斯、庞巴维克、马歇尔、魏克塞尔、约翰·克拉克等边际主义经济学家,把分析基础往后退了一步,从可观察的工资、租金等量化的价格,转移到了不可观察的、假设性的数学概念,如"消费者效用""生产函数"等。他们还承认劳动、资本等不同生产要素可以相互替代,从而将古典理论一般化了;这样一来,他们就能分析很多新情况,例如,当工资和机器价格变化时,企业的劳动力与机器配置将如何变化。他们使用了明晰的数学关系式,从而可以把不同市场中价格、成本和数量的决定因素描述成消费者偏好和生产技术状况的共同作用及相互影响。

边际主义者形成了现代价值理论的主要观点:价格是边际因素决定的。例如,石油市场价格的决定因素不是平均生产成本或消费者对石油的平均估值,而是最后一单位被售出的石油的成本和估值。在市场均衡状态,最后一单位(边际单位)产品的生产成本和消费者估值相等,也等于市场价格。如果不相等,市场就处于不均衡状态,就会发生各种变动,使其回到均衡状态。如果市场价格高于消费者对最后一单位产品的估值,消费者就会减少购买量;如果低于后者,消费者就会增加购买量。类似的,如果市场价格高于最后一单位产品的生产成本,企业就会扩大生产;如果低于后者,企业就会减少生产。

边际主义者发现,供给与需求曲线代表的,分别是生产者的边际成本和消费者的边际估值。两条曲线的交点决定了市场价格。价格是由生产成本还是由消费者收益决定？答案是由二者共同决定，由边际成本和边际收益决定。

边际主义关于价格决定的观点，同样适用于生产成本。劳动力的收入（工资）由劳动力的边际生产率决定，资本家的收入（租金）由资本的边际产出决定，这分别是指最后一单位的劳动和资本对企业产出的贡献。现在，假设企业在规模收益不变的情况下生产，增加资本和劳动的投入量，能同比例增加产出。在这一假设下，数学可以确保如下情况：如果根据劳动、资本及其他要素投入的边际生产率向其支付回报，那么，生产创造的收入就可以在各种投入要素之间完全分配。换言之，除价值理论外，我们还得到了一种分配理论，来解决谁应该得到什么的问题。

这个理论可以告诉我们，国民收入是如何在劳动力和资本之间分配的。如果我们进一步区分不同类型的劳动力，还能弄清楚收入在不同技能类型的劳动力之间的分配状况，如高中辍学者、高中毕业生、大学毕业生等。这就是所谓的功能性收入分配（functional income distribution）。有了这个，再结合人们拥有的资本类型及其金额方面的信息，我们就能知晓收入在个人之间、家庭之间的分配状况，即人和人之间的收入分配状况。

这些理论有多大用处？表面上看，新古典综合似乎能对经济学的两个根本问题——什么创造价值，什么决定价值的分配——提供可靠的答案。上述理论澄清了很多东西。具体而言，我们现在已经明白，生产、消费和价格是如何在一个系统内被共同决定的。而且，我们对功能性收入分配有了一个看起来可信的解释。但上述理论是以一些看不见的概念为基础的，如边际效用、边际成本、边际产出。要把这些概念在衡量和解释方面变得可操作，还需要一些别的假设，而且需要变得更加条理化。此外，这些理论远不是普适的。后来的研究已经表明，即使在其自身逻辑内部，这些理论也要依赖特定的条件。

我们已经看到，作为价值理论基础的供求模型，有一些重要的前提。完全市场竞争所需的条件也许并不存在，少数生产者可能垄断市场。消费者的行为方式也许远远称不上理性。生产可能有规模经济效应，随着生产数量的增多边际成本下降，这与标准的向上倾斜的供给曲线的前提——边际成本上升——相矛盾。而且，像"生产函数""效用"这样的概念是从哪儿来的？很明显，不同企业获取、接受和应用已有技术的能力存在差异。消费者偏好很难说是固定的，而是在一定程度上由经济与社会现实塑造的。如果把这些"黑箱"蕴含的问题提出来，就会带来新的、目前尚未得到彻底解决的理论挑战。

新古典主义分配理论也有其特有的漏洞。首先，在经济学界，是否存在着清晰、可衡量的"资本"概念，它是不是一种统一的生产要素，一直存在争议。但我们现在暂不考虑这个麻烦。我们集中考察工资问题：边际生产率理论与现实中的劳动力薪酬是否相符？

答案是，这取决于具体的问题，以及我们所考察的环境。

不同国家的工资差异，有80%—90%可以用各国劳动生产率水平的差异来解释。我们无法直接观察到边际生产率，所能衡量的只有平均劳动生产率（国内生产总值除以就业水平）。但是，只要平均生产率和边际生产率之间的关系稳定，不因国家不同而发生很大变化，那么，各国工资水平与相应的平均劳动生产率之间的紧密联系，就可以被视为支持边际生产率理论的证据。这不是一个无关紧要的判断。例如，它能让我们得出结论：孟加拉国或埃塞俄比亚的工资水平远远低于美国，主要是由于它们的生产率较低，而不是劳动力受到剥削或压迫的制度。制度也许有影响，但劳动与资本间的分配结果在不同国家的差异，似乎充其量只有一小部分可直接归因于制度差异。²

但是，我们再来看看2000年以来美国的情况。2000—2011年，平均实际薪酬从每小时32美元增加到每小时35美元（以2011年美元计），平均每年增长约1%。在此期间，劳动生产率平均每年提高了1.9%，几乎是薪酬增速的两倍。造成这一差距的部分原因是，美国劳动者消费的商品的价格增速，高于他们生产的商品的价格增速。所以，劳动者的消费力增速，低于他们的生产率增速，这个现象与标准的边际生产率理论是基本相容的。但是，这种相对价格效应，只能解释上述差距的1/4左右，其余的3/4仍是一个谜。*

---

* Lawrence Mishel, *The Wedges between Productivity and Median Compensation Growth*, Issue Brief 330 (Washington, DC: Economic Policy Institute, 2012). 米歇尔（Mishel）关注中位数工资（median wage），由于薪酬不平等的加剧，其增速显著低于平均工资增速。

如果要在新古典主义分配理论的框架内解释，我们就不得不说，劳动对产出的边际贡献在这段时间大幅下滑。可能的原因是，企业越来越多地使用机器和其他形式的资本，以及新技术对劳动力产生替代效应。事实上，在解释这10年里的低工资增长时，许多经济学家就是这么论述的。但是，这个结果也可能是新古典理论框架之外的其他变化造成的，如劳资谈判、职场惯例，以及最低工资政策等。我们很难把这些不同解释区分开来，因为新古典理论的核心是用数学方式表达潜在技术（"生产函数"）及其变化，而这不是可以直接观察到的。归根结底，一种不能被直观展现的理论，并不是很有用。

学界还有大量其他的分配理论。一些理论强调雇主和雇员之间的直接谈判。根据这些理论，工会和集体谈判规则的流行，能改变企业收入在劳资之间的分配状况。首席执行官（CEO）等高收入者的薪酬水平，似乎也是主要由谈判决定的。[3] 另一些模型强调惯例的作用，如被普遍接受的CEO与普通员工之间的收入差距。多数经济学家会承认，二十世纪五六十年代更偏向平等主义的社会共识，令欧美劳动者获益良多。但也有一些模型认为，一些企业给员工高于市场水平的工资，也是出于利润最大化考虑，这并不违反边际生产率理论。例如，对雇主而言，工资高于市场"效率工资"，也是有道理的，因为这可以激励员工，也可以最大程度地降低员工跳槽率，从而减少招聘和培训成本。对于这些特殊情况，更有用的不是一般模型，而是适用于不同条件的具体模型。

最终，宏大理论的用处并不像它们最初看起来那么大。它们只是一些粗浅思路，虽然确认了直接原因，但还需以大量细节来支撑，而且必须服从于具体条件。如前文强调的，这些理论充其量只能视为脚手架。

商业周期和失业理论

自保罗·萨缪尔森以他的博士论文为基础，在 1947 年出版《经济分析基础》（*Foundations of Economic Analysis*）以来，经济学就分为微观经济学和宏观经济学。微观经济学的领域是价格理论，即上一节讨论的内容。宏观经济学研究整体经济的运行，如通胀、总产出、就业等。宏观经济学的核心问题是经济的上下波动，经济学家称之为"商业周期"。在这个领域，宏大的理论建构层出不穷。在每一波理论建构中，我们都获得了很多新认识。但坦率地说，提出一套宏大的统一理论来解释商业周期的努力，到目前为止是失败的。

对古典经济学家而言，单个市场的运行机制，与整体经济的运行机制，没有多大不同。比如，失业的原因是工资（劳动力的市场价格）被设定在了错误的水平上。如果工资过高，雇主雇用的劳动者就会很少，就像苹果价格过高会造成苹果消费减少一样。这一情况已被称为"古典失业"。类似的，经济中的总物价水平，是由货币量和流通速度决定的。持续的通胀是流通中的货币过多导致的。

古典经济学家对商业周期的典型认识是，"宏观经济"

（以当时的理解）是自我调节和稳定的。就业岗位的短缺必然导致工资降低，所以失业最终会被消除。类似的，通胀也会自我治愈：通胀会导致国际竞争力降低，造成贸易赤字，这意味着黄金外流，而这又会使国内货币供应发生修正性的减少。这些据认为会自动调整的机制确保了商业周期、通胀和失业都能自行修复。金本位是这种经济学正统思想的典型代表，该机制一直持续到 20 世纪。根据金本位规则，各国将货币价值规定为一定量的黄金。例如，在 1834—1933 年的美国，黄金价格一直是每盎司 20.67 美元。* 政府许诺对跨境货币自由流动不施加任何干预，实质上是实行放任自流的货币政策。当时没有我们今天所知的财政政策或稳定政策的概念。政府不能也不应做任何事，只能放任这些调整发生。

凯恩斯则有不同的看法。作为一个保守的革命派，他构建了一些学说，以把资本主义从他认为的固有的不稳定性中挽救出来。凯恩斯论称，一个存在失业的经济体，也有可能在很长时间里保持一种均衡状态。古典主义的调整机制需要的时间太长，甚至可能长达几十年。正如他的名言所说的，长期而言"我们都死了"。而且，凯恩斯论称，政府有许多事可以做。他认为，当私人需求过低，不足以创造充分就业时，政府应该介入，增加财政开支。即使政府扩张政策达到让人们挖掘沟渠

---

* 1861—1878 年的"绿钞时期"是一个例外。Michael D. Bordo, "The Classical Gold Standard: Some Lessons for Today," *Federal Reserve Bank of St. Louis Review*, May 1981: 2–17。

又将其填满的程度，其净效应也将是更充分的就业和更高国民收入。在大萧条期间，各国政府发现，它们不得不面对旷日持久的灾难性失业，美国的失业率最高时曾达到 25%，这使得凯恩斯的观点流行起来。

凯恩斯是一位极为机智出色的作家，但他没有设计明确的模型，他的论述有时也是云山雾罩的。直到今天，经济史学家还在争论，这位伟大的理论家的某些话究竟是什么意思。他的代表作、1936 年出版的《就业、利息与货币通论》（简称《通论》）还墨迹未干时，就已经出现了一些模型，试图概括凯恩斯的理论框架。其中最著名的、在后来的几十年里影响力最大的，是约翰·希克斯的《凯恩斯先生与"古典学派"》。[4] 以希克斯的模型为工具，凯恩斯的观点改造了标准的宏观经济学，尽管很多人包括凯恩斯自己都抗议，这个模型充其量只是部分展现了《通论》的内涵。事实上，凯恩斯明确表示，他没有兴趣把自己的观点设计成一个模型。他觉得更重要的是传递一些"相对简单的基本理念"，而不是以特定的形式将其明晰化。[5]

凯恩斯体系的关键，是经济中储蓄与投资失衡的可能性。作为一项会计恒等式，二者最终必须相等：任何储蓄都必然以某种方式转化为投资，所有的投资都必然要来自储蓄（忽略国家之间的借债）。但凯恩斯强调，恢复这一恒等式的机制，有可能造成失业。例如，假设家庭想要储蓄的量一开始超过了投资。凯恩斯认为，投资是由一些心理因素（"动物精神"）决定的，它们基本上是外生于利率等宏观经济变量的。如果其他因素不知怎么导致投资水平固定化了,那储蓄就必须调整。在这种情况下,储蓄会如何下降以符合投资与储蓄相等的定律呢?

如果让古典经济学家回答,他们会强调价格调整的作用,包括利率调整。价格水平的下跌,或者利率的下降,将提高家庭的消费欲望,从而最终降低储蓄。凯恩斯认为,这样的价格调整会很慢,尤其是向下调整。相反,他强调总产出和就业水平的调整。因为家庭储蓄依赖于家庭收入,所以产出降低会使收入和就业减少,从而也会导致储蓄降低,使其更接近与投资相等的水平。而且,在经济萧条和失业高企时期,人们囤积货币的愿望会非常强烈,以至于使利率对经济环境的变化变得实质上不敏感。这就是凯恩斯主义的"流动性陷阱"。在这种情况下,只有在产出和就业以足够大的幅度下降时,调整才会发生。个体家庭的高储蓄水平,最终的总体效果是自掘陷阱。这时衰退就会发生。

在这一总需求自动调整的模型中,商业周期是其结果。需求不足是失业的根本原因。假如私人投资或消费支出增多,问题将得到解决。如果两者均不发生,政府就必须行动,增加财政开支,以弥补私人需求的不足。这种需求侧的宏观经济学理论,在20世纪70年代非常盛行。当时,越来越多样化的模型开始出现,来详细描述该理论。它还催生了大规模计算模型,对就业率、产能利用率等主要宏观经济总体指标进行定量预测。

但接着，又发生了两件事——石油冲击和罗伯特·卢卡斯的出现。石油输出国组织（OPEC）实行的禁运导致了1973年的石油危机，造成了超乎经济学家预料的新的经济态势：衰退和通胀同时发生，即"滞胀"。面对这种典型的供给侧冲击，需求侧的模型用处不大。当然，凯恩斯主义模型也可以得到调整，与投入要素价格上升的效应相适应。当时学者也就此做出了很多努力。但不久，芝加哥大学的经济学家、后来的诺贝尔经济学奖得主卢卡斯提出了一套新理论，对宏观经济学领域产生了革命性影响，最终对凯恩斯主义模型造成了比石油危机大得多的冲击。

20世纪70年代末，卢卡斯以一套新外衣，把古典主义思维再次引入宏观经济学。与其他学者尤其是当时在明尼苏达大学任教的托马斯·萨金特一道，卢卡斯论称，凯恩斯主义模型对个人在经济中的行为方式及其对政府政策的应对，做出了过于机械的假设。[6]用另一位芝加哥大学经济学家约翰·科克伦（John Cochrane）的话说，卢卡斯和萨金特把人的因素重新引入了宏观经济学。[7]他们不再以消费、收入等整体经济指标之间的关系为分析基础，而是开始就个人的消费、储蓄和就业决策建模，大体上是以微观经济学的传统方式进行，只是把微观模型扩展到了宏观行为领域。这些模型成为他们所提出的大理论的"微观基础"。

这一建模策略的变化带来了一些重要影响。首先，它明确地把个人和政府的预算约束问题纳入考虑范围。私人消费既依赖当前收入也依赖未来收入，今天的政府赤字意味着明天税收的提高（或政府开支的减少）。该策略还迫使人们重新思考预期是如何形成的这一问题。卢卡斯和萨金特论称，如果人在做出消费决策时是理性的，那么他们在预测未来时也应是理性的。这些预测应该与潜在的经济模型一致。于是他们提出了"理性预期假说"，在经济学界掀起了一场风暴。理性预期学说迅速变成给预期建模的标准。经济学家用这些模型来分析的一个问题是，私人部门对政府政策的变化如何反应。

卢卡斯、萨金特及其追随者认为，这些有微观基础的模型能够解释商业周期的主要特征，而且不必依赖凯恩斯主义的假说，如价格调整的缓慢性等，就可以解释暂时性的失业。理性预期理论认为，人不会犯下可以预测的错误，但并不排除人在不能掌握完整的价格信息时，犯下暂时性错误的可能性。对消费者偏好、就业偏好、技术条件等的"冲击"，即对需求和供给曲线的冲击，可能造成产出和就业的整体性波动。同样重要的是，这一新理论认为，政府稳定经济的能力远远没有那么大，相反，任何一种促稳定政策都会造成适得其反的后果。当人们知道政府准备通过货币和财政扩张政策刺激经济时，他们的反应方式会导致这些政策失效。例如，积极的货币政策将导致企业提高价格，最终只是造成通胀，而不会给产出和就业带来任何改善。财政刺激只会导致挤出效应，即私人部门支出的降低。

这一新理论后来被称为"新古典主义方法"，它之所以能胜出——至少在学术界，并不是因为它在经验意义上成立。对于该模型及其一些关键要素是否符合现实，存在着激烈的争论。但在它出现后不久，在20世纪80年代中期，美国经济进入了一段经济增长、就业充分、价格稳定的时期。在这段大稳健时代，商业周期似乎被驯服了。结果是，从实践角度而言，新古典主义方法的描述与预测是否符合现实，就显得不是多么重要了。

该理论的巨大吸引力植根于自身。这一新的宏观经济学有微观基础，运用数学和新的建模方法，与博弈论、计量经济学及其他备受认可的经济学分支有密切的联系，所有这些都使它显得把凯恩斯主义模型甩了几个光年。任何人试图质疑该模型背后的方法，捍卫者都可以或明或暗地这样反驳："宏观经济学模型就应该是这个样子。"与此同时，从希克斯开始的凯恩斯主义建模工程几乎绝迹了。但是，凯恩斯主义没有完全消失。依然有一些人认为，积极的政府政策能对稳定经济发挥一定的作用。最终，为了保住在经济学界的威信，他们被迫构建出各种有微观基础的模型，称为新凯恩斯主义模型。

新古典主义理论与现实经济脱节的一面，在2008年全球金融危机后暴露了出来。经济学家为何未能预见这场危机，是第五章的主题。这场危机主要是金融系统的缺陷导致的，凯恩斯主义和新古典主义的宏观模型都不关注这个问题。但在美国经济陷入衰退、失业高涨时，采取什么样的补救措施，就成为也理应成为宏观经济学要回答的问题。但流行的宏观模型都源自卢卡斯和萨金特的理论，对此基本无能为力。卢卡斯在2003年初曾写道："避免萧条的核心问题实际上已经解决了。"[8] 从2003年到经济危机爆发的几年里，没有多少人思考如何应对一场大衰退的问题,因为人们相信不会发生大衰退。

在一个问题上,这两种先后出现的模型有共识。当经济不确定性突然引发一种避险效应,家庭和企业尽其所能地囤积现金时,美联储就应该通过大量印钞来提供额外的流动性。增加货币流通量能阻止通缩,避免衰退变得更严重。弗里德曼多年前曾指出,美联储在20世纪30年代大萧条期间最大的错误就是未能这么做。2008—2009年,当大萧条研究专家、时任美联储主席本·伯南克给美国经济注入了数千万美元的流动性时,卢卡斯为他拍手称好。[9] 奥巴马总统2009年推出的第一项财政刺激一揽子方案,也得到了广泛支持,包括卢卡斯,尽管该方案被视为一项孤注一掷的措施。*

新古典主义模型认为,在这些措施实行而且金融恐慌消退之后,政府就应保持克制和谨慎,不要再做太多。美联储的量化宽松货币扩张政策必须尽快退出,否则很快会导致通胀。虽然失业依然高企,经济表现不佳,而且最突出的问题是通胀依然迟迟没有出现,但接受这些模型教育的经济学家仍在持续警告通胀的危险,敦促美联储收紧政策。他们反对通过持续的财

---

* Holman W. Jenkins Jr. , "Chicago Economics on Trial"(interview with Robert E. Lucas), *Wall Street Journal*, September 24, 2011, http：//online.wsj.com/news/articles/SB10001424053111904194604576583382550849232. 2014年在对37位最顶尖经济学家的调查中,36人认为刺激措施降低了失业率,多数人认为一揽子方案的收益大于成本。Justin Wolfers, "What Debate? Economists Agree the Stimulus Lifted the Economy," The Upshot, *New York Times*, July 29, 2014, http：//www.nytimes.com/2014/07/30/upshot/what-debate-economists-agree-the-stimulus-lifted-the-economy.html? rref=upshot。

政刺激来提升总需求与就业，因为这样的措施只会挤出私人消费和投资。他们认为经济将主要依靠自身的力量恢复正轨。但这并未发生，卢卡斯等人将此归咎于民主党政府设置的障碍。他们声称，经济复苏疲软无力，是因为人们对增税及其他政府干预的预期，造成了不确定性。[10]企业之所以不投资，消费者之所以不花钱，是因为他们面临着一个干预主义政府人为制造的不确定氛围。

但在许多其他人看来，这场衰退证明凯恩斯原来提出的理论是有效的。经济学家、《纽约时报》专栏作家保罗·克鲁格曼大声疾呼，财政刺激规模不够、结束太早，导致美国经济陷入了不必要的长期高失业状态。[11]加州大学伯克利分校的布拉德·德龙（Brad DeLong）和哈佛大学的劳伦斯·萨默斯（Latty Summers）认为，对赤字不必太担心，财政刺激最终将会帮助经济恢复，其收益将超过成本。[12]他们都是著名且杰出的经济学家。克鲁格曼曾以把不完全竞争引入国际贸易理论的开创性研究赢得诺贝尔经济学奖；萨默斯曾任奥巴马政府的国家经济委员会主席。

但是，对于已经主宰经济学的新古典主义模型而言，他们都是局外人。凯恩斯主义者和新古典主义者的争论焦点是，问题出在经济的需求侧还是供给侧。理论上，经济学家有办法区分相互竞争的理论，挑出最合适的理论。第三章探讨的模型选择原理就是专门解决这个问题的。凯恩斯主义者提出了一个足够合理的意见：假如问题是供给不足，就应该存在通胀压力，但现实中并没有。失业似乎影响到了所有行业，与每个行业的具体情况没有关系,这也说明问题是总需求的崩溃。[13]新古典主义者则从新闻报道、税制变化和预测者的意见不一致中举出证据说明,政策不确定性已经上升,而这似乎也能解释至少一部分的失业增多与经济增速下滑,包括随时间推移的下滑和在美国各州的下滑。[14]上述证据有没有动摇某个争论者的初始观点,目前还不清楚。就像这个例子所表明的,当学者坚信某种理论是合理的解释时,经验分析几乎无法解决分歧,尤其当分析是针对当前仍在发展的势态的时候。

对于这些解释商业周期的宏大理论,我们可以总结出什么结论?显然,这些理论并非毫无价值。古典主义、凯恩斯主义和新古典方法都能做出有益的贡献。凯恩斯主义理论对20世纪70年代的情况几乎不适用,但它的许多深刻认识至今仍是成立的、有用的。新古典主义方法使我们更深切地体会到,我们必须理解个体对政府政策会如何反应。这些宏大理论的不足在于,它们不是在任何时候、任何情况下都适用。但作为适用于具体条件的模型,它们仍然有很高的价值。

作为解释具体事件的理论

我们现在再来看看我在本章开头提到的三种经济理论中的第二种。这种理论的雄心不是那么大,只是试图揭示某个具体发展状况的原因,而不声称要为任何类型的发展提供一般性解释。它通常集中于具体的历史时期和地域。

我将在此探讨的具体例子是解释 20 世纪 70 年代末以来美国及另一些发达经济体贫富差距扩大的一些理论。虽然这些理论被广泛接受，但它们并不试图解释其他情况，例如，第一次世界大战之前的"镀金时代"美国贫富差距的扩大，或者 20 世纪 90 年代许多拉美国家贫富差距的缩小。它们只针对具体的对象。

20 世纪 70 年代中期以来美国贫富差距的突然拉大是有明确证据的。基尼系数是广泛使用的衡量贫富差距的方式，0 代表无贫富差距，1 代表最悬殊的差距（一个家庭独得所有收入）。美国基尼系数从 1973 年的 0.40 上升到了 2012 年的 0.48，升幅为 20%。[15] 在此期间，美国最富裕的 10% 的人的收入占国民收入的比例，从 32% 上升到了 48%。[16] 是什么造成了这场巨大的变化？

一个因素是"技能溢价"的上升，这是指高技能劳动者和低技能劳动者的收入差距。当经济学家在 20 世纪 80 年代末开始关注这一差距时，存在着一个可顺手拈来的看似合理的解释——全球化。在那段时期，美国经济参与国际贸易的程度比过去高多了。欧洲和日本等其他发达经济体的生产率也基本赶上了美国，并构成激烈的竞争。当时东亚还出现了许多新兴的出口经济体，如韩国、中国台湾、中国大陆等，其工资水平远低于美国。

自李嘉图时代以来，比较优势原理得到了许多细化。目前称为"要素禀赋"理论的流行版本，是 20 世纪初由赫克歇尔

(Eli Heckscher)和俄林(Bertil Ohlin)首先提出的。该理论准确预测了美国不同群体相对工资的变化。根据该理论,美国应该会出口技能密集型产品,进口低技能劳动密集型产品。更多参与国际贸易对美国高技能工人是好事,这样他们可以进入更大的市场,但对低技能工人是坏事,导致他们不得不面对更激烈的竞争。如加州大学洛杉矶分校经济学家爱德华·利默(Edward Leamer)在20世纪90年代初说的,"我们的低技能劳工面对着全球低报酬、低技能劳工的海洋。"[17]受此影响,两类工人的工资差距将拉大。事实上,该理论还有一个更要命的含意:低技能劳工的竞争失利不仅是相对的,而且是绝对的。美国更多参与国际贸易会降低他们的生活水准。*

这也许就可以盖棺定论了,但经济学家还发现了一些现象,似乎与要素禀赋理论不符。首先,美国在亚洲、拉美的一些低工资贸易伙伴国,其技能溢价也在上升。但根据要素禀赋理论,这些国家的技能溢价应该下降才对。在出口低技能劳动密集型产品的国家,低技能劳工的工资才应该上涨。同时在美国,有些产业的表现也不符合该理论的预测。这些产业的企业在用高技能劳工取代低技能劳工,进行技能升级,但如果说国际贸易使得低技能劳工变得更廉价了,它们的做法应该相反才对。[18]这个很好的例子说明,经济学家可以用模型的附带含意

---

* 这是"斯托尔珀—萨缪尔森定理"的推论。该定理是对要素禀赋理论的引申。Wolfgang Stolper and Paul A. Samuelson, "Protection and Real Wages," *Review of Economic Studies* 9, no. 1 (1941): 58–73。

来验证某种特定理论，而在这个例子中验证不成功。

这些矛盾的发现并不能否定全球化是贫富差距扩大的原因之一。但它们的确意味着，如果全球化是真正的原因，其发挥作用的渠道肯定与要素禀赋理论所指出的不同。很快，围绕着对外投资和外包，另一个以全球化为基础的模型形成了。一个产业的运营需要依赖许多不同部件的生产。我们可以合理地假设，一个产业的最技能密集型的部件是在美国制造的，而最不技能密集型的部件是在像墨西哥这样的发展中国家制造的。在全球化进程中，关税及运输、通信成本降低，使得外包更加容易，因此美国企业将部分生产转移到墨西哥。可以推测，被外包的部件通常是对美国企业而言最不技能密集型的。但同样的部件在墨西哥生产时，将是该国最技能密集型的。因此，有些吊诡的是，美国和墨西哥的产业都会发生技能升级。对高技能劳动力的相对需求在两国都会上升，技能溢价也会上升。最早提出这一假说的罗伯特·芬斯特拉（Rob Feenstra）和戈登·汉森（Gordon Hanson）证明，来自墨西哥"马基拉朵拉工厂"（设在该国自贸区的制造厂）的证据，与这一模型相符。[19]

全球化理论之外的另一个主要理论是技术变革论。当前，信息和通信技术正在飞速进步，电脑快速普及。通常，能提升劳动生产率的广泛技术进步，有望改善所有人的生活水准。但一些人的获益可能高于其他人。新技术需要高技能劳动力来操作，所以，对大学以上学历劳动力的需求增速，就会比对低技能劳工的快很多。经济学家称此为"技能偏向型技术变革"。[20]

"技能偏向型技术变革"假说可以解释技能溢价的上升。

而且，和要素禀赋模型不同，它与一些产业和企业发生的技能升级是相符的。由于自动化和电脑使用增多，雇主雇用的高技能劳动力也变多了。因为这些技术变化也在席卷其他国家，所以该理论也能解释发展中国家劳动力收入差距的扩大。到了20世纪90年代末，贸易和劳动经济学家接近于达成共识："技能偏向型技术变革"是技能溢价提高的首要原因。国际贸易也许发挥了一些作用，但至多只能解释这个趋势的10%—20%。

不久后怀疑情绪又滋生了。20世纪90年代，虽然新技术应用的速度并未降低，但技能溢价的上升停滞了（在21世纪头十年里又反弹式上升）。不同群体工资的许多变化趋势无法只用"技能偏向型技术变革"来解释。例如，在高技能群体内部，工资的分化也在显著加剧，如在不同的大学毕业生之间。至少从20世纪50年代以来，就业岗位的技能升级和高技能职位所占收入份额的上升，就一直存在，但并不必然导致收入分化。即使技术变化以某种方式造成了这一切，是不是也有可能，全球化程度的提高放大了20世纪70年代之后使用的新技术的效果，最后，贫富分化加剧的一个重要原因是，收入最高的1%人群的收入增速极快。而这一上升趋势的相当大一部分，是源于资本收益（股票和债券的收益）上升，而不是工资上升。

鉴于这些问题，仅仅以"技能偏向型技术变革"来解释贫富差距方面的所有变化，恐怕是行不通的。于是，第三种而且是全面的解释又被提出来了。该解释聚焦于20世纪70年代末以来广泛的政策与观念变化。例如，宏观经济政策变得更关注价格稳定而不是充分就业；工会萎缩，劳动者的谈判权减弱，政府提高最低工资的速度赶不上价格增速；曾经反对工资分化、反对雇员薪酬苦乐不均的职场规范被削弱了；金融业的放松监管和大幅扩张，使其能以几十年前无法想象的速度积累财富。[21]

最终，显而易见的是没有哪个理论能完全解释20世纪70年代以来美国贫富差距的变化情况。我们也没有好办法把不同理论做出的相对贡献梳理出来。一些理论（及模型）能让我们更好地理解贸易、技术以及其他因素通过什么渠道影响了贫富差距的变化。另一些理论的验证失败，可以让我们排除一些初看时貌似有理的说法。探讨没有穷尽，但随着讨论的推进，大量的新认识会不断涌现。

理论其实只是模型

我们已经看到，经济学理论的用处耐人寻味，它们既不是过于空泛，以至于对现实几乎毫无影响，也不是过于具体，以至于充其量只能解释一点点现实。我已经以一些具体理论为例说明了这一点，但对于经济学其他领域而言，这同样成立。对于那些自称发现了资本主义的普遍规律的理论家而言，历史并未善待他们。与自然不同，资本主义是一种人为的因而是可塑的构造。

但是，以"理论"一词被使用的频率来判断，经济学界充满了理论，如博弈论、契约理论、搜寻理论、增长理论、货币理论，等等。但是，不要被术语欺骗，事实上，上述的每种理论，都不过是一些特定模型的集合，这些模型必须结合具体条件审慎应用。每种理论都是一个工具箱，而不是对其研究现象的全方位解释。只要人们对这些理论保持合理而非过高的期望，它们就可能有很高的适用价值。

将近50年前，经济学界最具创造力的学者之一阿尔伯特·赫希曼曾抱怨社会科学家有"理论化强迫症"。他讲述了对宏大范式的追求可能成为"影响理解的障碍"。[22]他担心，构造无所不包的理论的冲动，将使学者忽视偶然性的作用，以及真实世界运行的复杂可能性。而在当今的经济学界，多数人的心态是谦恭的，一次只探索一个原因。当野心压倒这个谦恭的目标时，麻烦通常就会降临。

第五章 当经济学家犯错时

这也许是史上最短的毕业典礼演讲。2007年5月，宏观经济学家萨金特登上加州大学伯克利分校的毕业典礼讲台。他说，他觉得这种演讲通常太长了，他要直入主题。他说，经济学是一种"系统化了的常识"。他列出了12条"我们的美妙学科"的规诫。第一条是："凡天下事，都是知易行难。"第二条是："个体及群体均面临权衡取舍。"第四条涉及政府的角色："所有人都会对激励机制做出反应……所以，社会安全网并不总能产生预期的效果。"第五条是："公平和效率之间存在取舍关系。"他的意思是，政府要改善收入分配状况就必须付出一定的经济成本。[1]

萨金特也许觉得他列的这些是无可争议的。事实上，他的演讲也赢得了来自政治光谱两端的经济学家的赞扬。但也有不同意见者，如经济学家兼博客作家诺亚·史密斯（Noah Smith）。史密斯抱怨说，萨金特列出的12条规诫中有10条都是"警告人们别想通过政府来推进公平、帮助民众"。保罗·

克鲁格曼也持批判态度。他指责萨金特把一些只在充分就业状态下运转良好的市场经济理念，包装成了普适真理。以萨金特认为的公平与效率的取舍关系为例，史密斯写道，事实上，在经济学的一个标准假设（个体之间可以在不损害效率的情况下进行交易）之下，是不存在这样的取舍关系的。克鲁格曼指出，近期的一些经验研究显示，严重的贫富不均可能损害经济增速。[2]

萨金特的批评者是对的。除了一些空泛的老生常谈，如"激励机制很重要""提防意料之外的后果"等，经济学里基本没有亘古不变的真理。这个"美妙学科"的所有有价值的规诫，都要服从于具体条件。它们都是"假如—那么"的命题，在这些命题中，"假如"与"那么"同样重要。

但是，萨金特的确准确概括了经济学家惯常的思维方式。继续刚才的例子，除了史密斯和克鲁格曼外，多数经济学家的确相信，公平与效率之间存在权衡取舍。请注意，这些经济学家也完全明白，一些模型（及一些证据）指向相反的方向。但它们的存在似乎并不妨碍经济学家达成明确的基本共识。

事实上，在很多重要问题上，几乎所有职业经济学家都有共识。几年前，哈佛大学经济学家、流行经济学教科书作者格里高利·曼昆，在他的博客上列出了一个单子。[3]以下是位于最前列的共识中的几条（括号里的百分比是指赞同该命题的经济学家的比例）。

1. 对房租设置上限会导致可租住房数量减少，质量降低。（93%）

2. 关税和进口配额通常会损害总体经济福利。（93%）

3. 弹性和浮动汇率是一种有效的国际货币制度安排。（90%）

4. 对于未实现充分就业的经济体而言，财政政策（如减税和扩大政府开支）有明显的刺激效果。（90%）

5. 美国不应限制雇主将工作外包给其他国家。（90%）

6. 美国应当取消农业补贴。（85%）

7. 巨大的联邦预算赤字对经济有负面影响。（83%）

8. 最低工资会加剧低技能年轻劳动力的失业。（79%）

如果你看了前几章，你一定会对这些高度共识感到奇怪。对上述八个命题中的至少四个，我们已经在前文中看到过与其相反的模型。对房东可收取的房租设定上限，在房东是市场垄断者的情况下，不一定会减少出租房的供给。贸易限制不一定会降低效率。财政刺激不一定会有效。最低工资不一定会加剧失业。在这几个领域，都存在一些关于不完全竞争、不完美市场、不完全信息的模型，能推导出相反的结果。曼昆列出的其他命题也是如此。

经济学能教导我们的是，在一定的明确条件（关键假设）下，某种结论是对的，在另一些条件下，其反面是对的。然而，几乎所有受访的经济学家（90%以上）似乎都愿意为某一类关键假设的普遍有效性背书。也许他们愿意冒此风险的原因是，他们相信这些假设在现实中更为常见，或者他们认为某类模型"通常而言"要比其他模型更合理。尽管如此，作为科学家,难道他们不应该为他们的背书做出合理的限定吗?难道他们不应该担心,如此断然的声明可能有误导效果吗?

由此我们可以看到经济学的一个核心悖论:多样性中的一致性。经济学家运用大量的模型,它们指向各种矛盾的方向。但当面对日常问题时,他们的观点往往趋同到一些已有证据无法充分证明的方向上。

我再说得清楚一点。经济学家总是在激烈争论各种问题。所得税的最高税率应该是多少?最低工资应不应该提高?专利对促进创新重要吗?在这些以及其他问题上,经济学家经常同时看到两方面。据说,杜鲁门总统曾对顾问给他的矛盾、骑墙的建议很不满,要求给他一个"只谈一方面的经济学家"。据说萧伯纳曾打趣:"把所有经济学家头脚相连排成一线,他们也得不出什么结论来。"也许在更多时候,经济学家之间的共识是偶然而不是规律。但当共识确实出现时,我们需要思考和评判。

有时,共识是平淡无害的:是的,激励机制的确很重要。有时,共识只限于适当的地理或历史范围*:是的,苏联的经济体制极为低效。还有的时候,共识反映的是基于已积累的证

---

* 下文对一组来自领先的学术院校的经济学家进行了调查,发现他们在相对具体的问题上有"大致的共识",例如"美联储2011年的新政策会不会使GDP增速在2012年至少提高1%?"他们还发现一个合理的现象:当关于某个问题的学术文献比较多时,经济学家的共识更大。Roger Gordon and Gordon B. Dahl, "Views among Economists: Professional Consensus or Point-Counterpoint?" *American Economic Review: Papers & Proceedings* 103, no. 3 (2013): 629–635。

据做出的事后评估：是的，奥巴马 2009 年实行的财政刺激降低了失业率。但是，有一些具体模型，其关键假设可能在许多情况下是不成立的，如完全竞争或消费者掌握完全信息，如果经济学家对这些模型的结论的普适性达成了共识，就会成为一个问题。

当经济学家把特殊模型视为一般模型时，会发生两种错误。第一种是忽略的错误，即观察出现盲点，未能看到前方的麻烦。例如，多种因素的危险汇合，导致了 2008—2009 年的全球金融危机，而多数经济学家对此未能知悉。第二种错误是执着的错误，即经济学家执迷于一种特定的世界观，成为某些政策的同谋，而这些政策的失败也许是可以预见的。经济学家对所谓的"华盛顿共识"和金融全球化的鼓吹，就属于此类。我们接着来深入探讨一下这两种错误。

忽略之错：2008 年金融危机

金融危机爆发后不久，芝加哥大学法学家兼经济学家理查德·波斯纳严厉批评经济学同行。他写道，经济学家大都以为，另一场萧条不可能发生，资产泡沫不会出现，全球的银行都是安全稳健的，美国的国家债务不足为虑。[4]但事实证明这些信念全是错的。楼市泡沫在 2008 年破裂，同时拖垮了美国金融业，迫使政府以一场大规模救助来稳定该行业。危机同时蔓延到欧洲及其他地方，造成了自"大萧条"以来最严重的经济下滑。2009年10月美国失业率达到10%的高点，到2014年底才降回5.6%。当我在2014年底写这些文字时，欧元区一些国家的年轻人失业率接近25%。

在危机之前，很多经济学家担心美国经济的健康。但主要担忧是美国的低储蓄率和过高的经常账户赤字，即进口大幅超过出口。当设想发生一场所谓的"硬着陆"时，经济学家集中关注的是，美元可能剧烈贬值，从而让通胀死灰复燃，损害人们对美国经济的信心。然而，最终经济危机冲击的却是一个只有很少人预见到的领域。事实证明美国经济的软肋是楼市，以及对楼市定价过高的膨胀的金融业。

几乎不受监管的影子银行业创造了千奇百怪的新金融工具。按照设想，这些新的衍生工具应该会把风险分配给愿意承担风险的人。但事实上，衍生工具为冒险和过度使用杠杆提供了便利。它们还把经济体系的不同部分以当时没有人充分明白的方式连接在了一起，从而导致一处的崩溃必然触发其他地方的崩溃。经济学家普遍忽视了楼市和金融业问题的严重性，只有少数引人注目的例外，如后来获得诺贝尔经济学奖的罗伯特·希勒，后来成为印度央行行长的芝加哥大学经济学家拉古拉迈·拉詹。多年来希勒一直认为资产价格的波动过度，并关注房价的泡沫。[5]拉詹一直担心当时被誉为"金融创新"的新工具的负面作用，早在2005年就警告说，银行家在过度冒险，并因此被时任哈佛大学校长劳伦斯·萨默斯斥为"勒德分子"。[6]

不可否认，2008年金融危机让大多数经济学家大吃一惊。

在许多人看来，这证明了经济学的某种根本缺陷，经济学需要反思和重塑。但非常有趣的是，事实上经济学界存在着大量模型，有助于解释经济表象之下究竟发生了什么。

资产价格不断上升、偏离其潜在价值的现象，被称为泡沫。泡沫不是一个新现象。人们对其存在的认识，至少可以回溯到 17 世纪的郁金香热和 18 世纪早期的南海泡沫事件。各种从简单到复杂的模型一直在研究泡沫，包括以完全理性、目光长远的投资者作为假设的模型，即所谓的"理性泡沫"。2008 年金融危机具有银行挤兑的所有特征，而这也是经济学的重要研究对象。每个学习经济学的人都熟悉自我实现的恐慌模型，以及什么样的条件会促成这样的恐慌。这是指一种协调失灵，个人理性地提取存款的行为造成了一种集体非理性，表现为系统性的流动性枯竭。所有金融学教科书都教导，为了避免银行挤兑，需要实施存款保险制度，并进行监管。

2008 年危机爆发前夕的一个重要情况是金融机构管理者过度冒险。他们的薪酬依赖于此，但他们的行为与银行股东的利益不符。经理人利益与股东利益的偏离是委托—代理模型的核心问题。这种模型处理以下情况：在"代理人"（被监管的企业、民选政府或公司高管）对经济环境的了解多于"委托人"（监管者、选民或股东）的情况下，后者试图控制前者的行为。对于因信息不对称导致的控制困难与低效，经济学家并不陌生。另一个激励扭曲的例子与评估抵押贷款证券的评级机构有关。金融机构发行的证券由评级结构进行评级，评级结构又从金融机构获得报酬。显然，评级结构有动力操纵评级，以使金融机构满意,这个道理即使对大学一年级的经济学学生来说也是不言而喻的。

自20世纪80年代初以来,不少发展中国家遭受了一系列金融危机,所以,对资产价格崩溃给整体经济造成的影响,经济学家也不陌生。任何研究过这些危机的人,都不应对美欧房地产与建筑业私人债务的积累无动于衷。去杠杆化会强烈冲击整个经济,随着银行、企业和家庭同时试图减少负债,增持金融资产,冲击效果会不断强化,这也是那些更早的金融危机曾显示过的。

很明显,要理解危机中发生的事情,经济学家并不缺少模型。事实上,当危机的后果开始显现时,我们刚刚提到的那些模型,对于理解很多事情都将是必不可少的,例如,为什么中国积累大量外汇储备的决策,最终将会导致加利福尼亚州的一位住房抵押贷款出借机构过度冒险。已有的经济学理论框架能轻松解释导致这场危机的所有原因:随着对美元资产需求的增多,利率降低;没有受到严格监管的金融机构,努力寻找风险更高的金融工具来维持利润;通过短期借债,投资组合不断扩大,导致金融脆弱性加剧;股东难以有效约束银行高管;房地产价格出现泡沫。但是,经济学家对一些模型过度信任,对另一些模型重视不够,这最终演变为严重的问题。

经济学家青睐的许多模型是以"有效市场假说"为基础的。[7]提出该假说的是芝加哥大学金融学教授尤金·法玛。耐人寻味的是,他后来与罗伯特·希勒在同一年获得诺贝尔经济学奖。简言之,该假说认为,市场价格反映了交易者能掌握的所有信息。对单个投资者而言，有效市场假说意味着，在没有内幕信息的情况下，连续跑赢市场是不可能的。对央行官员和金融监管者而言，有效市场假说的含义是，不要试图把市场引导到某个方向上去。因为所有相关信息已经包含在市场价格中了，所以任何干预都更可能扭曲市场，而不是纠正市场。

根据有效市场假说无法推出观察者能预见金融危机的结论。事实上，因为有效市场假说认为，资产价格的变化是不可预测的，所以结论是相反的：危机无法预测。但是，很难把该模型与这样的现实相匹配：资产价格先持续上升，然后剧烈下滑。如果要在不放弃有效市场假设说的前提下来解释这一现实，就只能是一种情况：突然出现了大量关于经济前景的"坏消息"，立刻被市场反映在价格中，导致了金融崩溃（法玛自己在2013年做出的辩解大致如此）。* 这一结论与被普遍接受的金融崩溃造成大衰退的因果关系完全相反。

过度依赖有效市场假说，而忽视关于泡沫和其他金融市场病理的模型，显示出经济学家的一种普遍倾向。他们对金融市场的能力有高度信心。在他们看来，市场实质上已成为社会进步的发动机。市场不仅能有效连接储蓄者和投资者，还能把风险分配给承担能力最高的人，同时让过去无法获得信贷的家庭获得信贷，如能力不足或没有信用史的家庭。通过金融创新，

---

* 法玛承认，他不能解释为什么经济前景会如此剧烈地恶化，但他又补充说，他不是一个宏观经济学家，而且宏观经济学从来就不擅长预见即将发生的衰退。John Cassidy, "Interview with Eugene Fama," *New Yorker*, January 13, 2010, http://www.newyorker.com/news/johncassidy/interview-with-eugene-fama。

资产组合的持有者能获得最大化的收益,并将风险最小化。

市场已不仅被认为是天然有效率和稳定的,而且被认为是自律的。如果大银行和投机者参与欺诈,市场将会发现并惩罚他们。做出糟糕决策、承受不当风险的投资者会被逼出市场,而行事负责的投资者将因其审慎而获益。2008年美联储主席艾伦·格林斯潘面对国会质询时的自我检讨,一针见血地道出了这种流行心态。他坦言:"包括我在内的,曾把股东股权保障寄望于借贷机构自身利益的人,现在处在一种幻灭的震惊状态。"[8]

而且在他们看来,政府是不能信任的。官僚和监管者或者是被特殊利益俘获,或者是不称职,有时二者兼具。他们干得越少越好。而且无论如何,由于金融市场已经无比复杂,任何监管它的努力都将是徒劳的。金融机构总是能找到绕过监管的办法。政府的反应总是会慢一步。经济学家的这些想法为一波大规模的放松金融监管提供了依据,从而为金融危机铺平了道路。甚至,一些在政府中任职的顶级经济学家,如劳伦斯·萨默斯和艾伦·格林斯潘,也持有这些想法。

总而言之,经济学家(以及聆听他们的人)对他们当时偏好的一类模型过度信任:市场是有效率的,金融创新改善了风险与收益的权衡,自我监管是最佳的,政府干预是低效有害的。他们忘记了其他模型。当时法玛这样的人太多,希勒这样的人太少。经济学家们的经济学也许一直是好的,但很明显,当时经济学界出现了一些心理学和社会学方面的问题。

执着之错：华盛顿共识

1989年，约翰·威廉姆森（John Williamson）在华盛顿为拉美的主要经济决策者召集了一场会议。威廉姆森是华盛顿智库"国际经济研究所"（现已更名为"彼得森研究所"）的经济学家，长期关注拉美经济。他发现，在对拉美提出什么样的改革建议方面，决策者的观点正在出现明显的合流。世界银行、国际货币基金组织等国际金融机构、智库、美国政府的不同经济部门，给出的建议几乎一模一样。同时，在美国大学获得博士学位的经济学家，已占据拉美各国政府的重要职位，而且他们在迅速落实这些政策。在提交给本次会议的论文中，威廉姆森把这一改革议程称为"华盛顿共识"。[9]

这个术语很快流行开来，而且有了生命力。它逐渐有了代表一个宏伟计划的意味。批评者指责说，它试图把发展中国家变成自由市场经济的教科书式范例。这也许有点夸大，但大致的方向是对的。该议程反映了一种要把这些经济体从政府监管的桎梏中解放出来的冲动。拉美的政策经济学家和华盛顿的顾问都确信，政府干预破坏了拉美的增长，造成了20世纪80年代的债务危机。他们开出的处方可以用三个词来概括：稳定化、私有化、自由化。后来威廉姆森经常抗议说，他当时列出的单子里只有有限的改革措施，远远够不上"市场原教旨主义"，即认为市场能解决所有公共政策问题。但是，"华盛顿共识"与当时的"时代精神"太相符了。

"华盛顿共识"的鼓吹者,无论是鼓吹原始版本还是扩展版本,都将它说成是好的经济学。在他们看来,这些政策反映了好的经济学的内涵:自由市场和竞争能有效配置稀缺资源;政府监管、贸易限制和国有制都会造成浪费,阻碍经济增长。但就算是鼓吹者也应该明白,这只是教科书层级的经济学。

一个问题是,"华盛顿共识"忽视了市场经济深层的制度基础,没有这种基础,所有市场导向的改革都不一定能带来预想的益处。举个最简单的例子,私有化可能促进竞争和效率,但是,在没有法治、合同执行机制和合理的反垄断监管的情况下,也可能造成政府亲信把持的垄断。在实施"华盛顿共识"式的政策后,许多经济体表现不佳,这使人们逐渐意识到制度的重要性,于是开始尝试制度方面的改革。然而,削减进口关税、取消利率上限是一回事,这不过是很常见的措施,但让发展中国家在短时间内建立发达国家经过几十年甚至上百年才形成的制度,却是另一回事。可行的改革议程必须基于已有的制度,而不能异想天开。

而且,"华盛顿共识"提出了一种普适药方。它假定所有的发展中国家都很相似,都受类似病症的困扰,也需要实行同样的改革措施。顾问们很少关注各地的不同情况,也忽视了应如何根据改革的紧迫性、可行性来确定先后顺序。在一个又一个国家的改革试验失败后,鼓吹者的本能反应是拉长任务清单("to do" list),而不是调整已经实行的改革。所以,最初的"华盛顿共识"所列的内容不断膨胀,又被加上了劳动力市场、财务标准、治理改善、央行规则等许多方面的措施。[10]

推动"华盛顿共识"的经济学家忘记了，他们生活在一个天然的"次优"世界里。如我在第二章阐述的，在市场存在多种缺陷的环境中，人们对政策效果常见的直觉看法可能是很具误导性的。私有化、去监管化和贸易自由化都有可能产生适得其反的后果，而某种形式的市场限制可能才是对的。在这样的环境中实行政策改革，需要运用能明确包含这些"次优"因素的模型。

贸易开放是"华盛顿共识"的核心内容之一，我们以此为例。当一国大幅降低进口壁垒后，没有国际竞争力的企业将萎缩或倒闭，其中的资源（劳动力、资本、管理者）会释放出来，可以为其他企业所用。同时，更高效、更具国际竞争力的行业会扩大，吸收这些资源，为更快的经济增长做好铺垫。在采用该战略的拉美和非洲国家，第一个预测后来基本上实现了，但第二个没有。曾受进口壁垒保护的制造业企业遭受了猛烈冲击。但是，以现代科技为基础的新的出口导向行业并未快速发展起来。相反，劳动者涌入了生产率更低的非正规服务业，如小商品贩卖。总体的生产率反而降低了。

为什么会发生这样的事情？这些政策影响的市场并未像预想的那样发展。劳动力市场不够灵活，不能快速将劳动力重新配置到效率更高的新产业。资本市场未能支持出口导向型企业的形成。汇率仍然是高估的，导致大部分制造业缺乏全球竞争力。协调失灵、知识溢出、建立滩头堡（beachhead）的高成本，使有潜力的企业难以进入具有比较优势的新行业。同时，缺乏现金的政府无力投资于基础设施，或提供其他新兴产业所需的支持。

拉美和非洲尝试"华盛顿共识"的后果，与亚洲经济体的经历形成了鲜明对比。亚洲经济体追求明显是"次优"的参与全球经济的策略。韩国和后来的中国并不是一开始就放开进口，而是通过直接补贴本国制造业来推动出口。效率较低的制造企业在初期得到了保护，这避免了大规模的失业，而那种失业很可能导致零售等生产率更低的非正规职业的增多。这些国家还实行了宏观经济调控和金融管控措施，使其货币在世界市场上保持竞争力。它们都通过产业政策来培育新兴制造业，降低经济对自然资源的依赖。而且，除这些共同点外，每个国家还量身定制了各自的具体战略。

看到亚洲的经历及其"非正统"政策的成功，许多观察者总结说，这些案例证明标准经济学错了。这种解读是错误的。的确，根据那些适用于运转良好的市场的经济学模型，许多亚洲式经济政策是不合理的。但很明显，我们不应该用这些模型来考察。另外一些模型纳入了中国、韩国等经济体面临的重大"次优"挑战，基本上完全可以解释这些国家的战略。[11] 当经济学家要考虑在收入低、企业少、准入门槛高、信息贫乏、制度不良的环境中，市场的真实运行情况如何，或者市场是如何失灵的时候，这些模型是必需的。

经济学家对"华盛顿共识"的逻辑最过度的推衍，也可能是危害最大的地方，就是金融全球化。威廉姆森最初的单子里并没有跨境资本流动的开放。他对金融全球化的好处持怀疑态度。但到了 20 世纪 90 年代中期，在世界各地铲除资本自由流动的障碍已成为市场经济学的最新边疆。富国俱乐部经济合作与发展组织规定，允许资本自由跨国流动是加入它的前提条件。国际货币基金组织的资深经济学家们还试图把资本自由流动原则写入该组织的章程。

这场运动的背后有一些著名经济学家的理论，如曾任麻省理工学院教授的斯坦利·费希尔（Stanley Fischer）。费希尔 1994 年加入国际货币基金组织，任第一副总裁和首席经济学家。他非常明白，放开跨国金融流动可能造成不稳定。自由金融的历史显然提供了很多值得担忧的记录。在上一个金融全球化时代，即两次世界大战之间的时期，出现过很多金融自由化过度的恶果，如金融恐慌和崩溃不断发生，市场情绪的突然变化导致痛苦的经济调整，以及各国调控宏观经济波动的能力受到了很大限制。当凯恩斯在二战末期主张实行资本管制时，这些恶果是他的首要考虑。

费希尔并没有忽视这些风险，但他觉得这些险值得冒。他认为，资本自由流动将更有效地配置全球储蓄，资本将从富余的地方流入稀缺的地方，从而提高经济增速。穷国居民将既能得到更多的可投资资金，也能进入外国资本市场，将其资产组合多元化。而不稳定风险可以通过改善宏观调控、加强金融监管来降低。[12] 费希尔承认，没有多少系统性证据证明，发展中国家能从更自由的资本流动中获益，但他觉得，这样的证据不断出现只是时间问题。

费希尔假设的模型又一次明显低估了"次优"因素的作用。他认为，只要各国政府有足够强的意志，其国内宏观经济与监管缺陷就能被克服。现实证明，他设想的变化很难实现，部分原因是，事实证明经济学家对于这个过程中需要做些什么所知甚少。最终，资本自由流动加上各国国内的宏观经济和金融扭曲，造成了严重的负面效果。进入外国资本市场的机会，使各国的国内银行可以放纵地举借短期外债，不审慎的外国政府也因此积累了原来从国内市场根本不可能借到的大量债务。结果，在泰国、韩国、印度尼西亚、墨西哥、俄罗斯、阿根廷、巴西、土耳其等国，发生了一系列痛苦的金融危机。最终国际货币基金组织承认，完全的资本自由流动并不适合所有国家。[13]

还有另一个问题。在金融全球化的鼓吹者提出的增长模型中，储蓄和可投资资金的供给是主要的增长驱动力。根据该模型，获取外国资金的机会增多，将促进国内投资，带来更高的经济增长率。但是，在那些向国际金融开放的发展中国家，投资和经济增速都未上升。这表明，在许多国家里，限制增长的因素不在资金方面。企业不投资的原因不是它们得不到资金，而是（因各种因素所致）它们无法预期高收益。结果，资金流动的增多只是刺激了消费，而没有刺激投资。而且，资本流入还导致国内货币升值，进一步降低了贸易行业的利润率，使问题雪上加霜。后一种模型明显更好地反映了许多发展中国家和新兴市场国家的现实。根据该模型，资本自由流动是一份"有毒的礼物"（poisoned gift）。

好消息是，多数经济学家从这一经历中得到了教训。在"华盛顿共识"和金融全球化问题上，目前已经形成的大致共识是：经济学家对一种普适的、过度兜售自由市场好处的思路投入了过度的热情。今天，没有放之四海而皆准的政策，各国国内改革必须与其具体环境相适应，几乎已成为发展经济学家、金融专家和国际机构的口头禅。人们不再试图规划统一的蓝图，而是开始重视模型的选择。

经济学的心理学和社会学

经济学有什么特殊之处，使经济学家更容易犯上述的忽略之错与执着之错吗？其他学科的学者，比如政治学家和人类学家，是不是在公共讨论中表现得更好？我不确定。一个区别在于，经济学家更显眼。因为许多经济学家在公共场合中活动，常常是政策咨询的对象，所以当他们犯错时，他们的错误更容易被人注意到。尽管如此，是什么导致经济学家经常误入歧途，仍值得思考。

首先，我们要明白，公众很少能知悉经济学家的全部观点。绝大多数经济学家自视为科学家和研究者，以写论文为职业，而不是就当前事务宣经讲道，也不是鼓吹特定的政策。媒体或议员助理很少联系这些经济学家，即使联系了，他们也通常会拒绝发表意见。当他们愿意参与公共讨论时，他们会说明自身观点的许多前提和例外情况，而这会让听众如堕五里雾中。多数经济学家都是典型的象牙塔学者,他们会坦率地承认,自己没有足够的专业知识来评论公共议题,至少在没有做更深入研究的情况下是这样。

那些在公共领域有影响力的经济学家,要么对政策建议有强烈自信,要么愿意忽略其中的微妙细节,或二者兼有。他们对于公共议题有明确的立场,因而在媒体、智库和向政府提建议方面有天然的优势。他们经常是成功的"政策企业家",能使现实变好。无线频段使用权拍卖和航空业去监管化,都是有坚定信念的经济学家说服政治家采纳的做法。[14]在另一些情况下,如我们已经看到的,某些经济学家鼓吹的意见也许更令人怀疑,而且其他经济学家或许会以犹疑甚至鄙视的态度,看待这些鼓吹者的观点。但这些持批评态度的经济学家很少会主动在公共场合提出质疑。

在"华盛顿共识"狂热达到最高潮的时候,我曾和一位研究生撰写一篇论文,批评无条件地宣扬自由贸易能推动发展中国家增长的观点。[15]我们指出,贸易政策和经济增长之间的关系是因模型、因国家而异的。我们还表明,并不存在有力、统一的证据来支持某种观点。在广泛传播后,我得到了两种反应。坚定的"华盛顿共识"鼓吹者认为,我是在搅浑水,破坏自由贸易的美好事业。但还有很多人表达了赞赏,他们抱怨,对贸易自由化的推动过头了,很多时候已得不到经济学研究的支持。我对第二种反应感到意外,因为它来自此前并未在公共场合表态的人。尽管他们怀疑,但他们选择沉默。所以,经济学家在公共场合传递的信息,并不代表学界的整体意见。

事实上，学界的观点要复杂得多。

显然，经济学家经常过度推崇市场。直言不讳地说，经济学家常常觉得这是他们专有的地盘。他们觉得自己懂市场的运行机理，并担心大多数公众不懂。当然在这两方面，他们大体上是对的。经济学家知道市场会以各种各样的方式失灵，但他们觉得，公众的担忧常常是由于见识短浅，或者杞人忧天，所以他们就过度地为市场辩护。经济学家觉得，供求关系、市场效率、比较优势、激励机制都是经济学皇冠上的明珠，需要在无知的大众面前捍卫它们。

在公共讨论中支持市场，在今天几乎已成为经济学家的职业义务。因此，经济学家在公共领域的声音，也许与他们在内部会议上的讨论大相径庭。在经济学家之间，讨论市场的缺点以及可实行什么样的政策干预，都是被允许的。以有想象力的新方式证明市场失灵，能够赢得学术声誉。但他们在公共领域的趋势是团结一致，支持自由市场、自由贸易。

这种情况造成了一种综合征，我称之为"野蛮人只在一边"的心态。这种心态认为，希望对市场施加限制的都是有组织的游说者、寻租的权贵等危险者，而希望市场更自由的人即使犯错，其本意也是好的，因此危险性要小得多。如果支持前者的主张，就等于是给野蛮人输送弹药，而如果与后者站在一起，最坏的情况也不过是犯下某种不诚实之错，而没有任何严重的后果。

在被迫表态的时候，多数经济学家都会支持更为市场导向的主张。在本章开头列出的经济学家有明显共识的命题中，我们就能看到这一倾向。[16]在完整单子的全部14项中，只有一项是明显偏政府的，即认为在衰退期间实行财政刺激有好处。*一些命题反映了在不同类型的政策之间的偏向：应该在整个商业周期期间保持预算平衡，而不是每年保持平衡；现金补贴比免费食品等实物补贴更好；福利制度应该用"负所得税"取代（一种累进税制，政府向贫穷家庭提供转移支付）。绝大多数建议都主张多依靠市场，少依赖政府干预。

除了普遍的亲市场倾向外，经济学家还有一个问题：他们并非总是能良好地处理模型与现实的关系。因为经济学家受到的教育类似，还使用共同的分析方法，所以他们表现得很像一个同业公会。模型本身也许是分析、反思、观察的产物，但经济学家对现实的看法更多是在启发中形成的，是彼此间非正式交谈和社交的副产品。这种"回音室"效应很容易导致信心过度，或者是对普遍的看法，或者是对流行的模型。同时，这种同业公会心态还导致经济学自我隔绝，拒绝倾听外界批评。模型也许有问题，但只有有地位的经济学家才可以这么说。经济学家低估局外人的反对意见，因为他们不懂模型。经济学界更看重机智而非审慎，更看重有趣而非正确，所以其流行风尚并不总是能自我纠错。

除了这些问题之外，经济学界的学术规范并不要求经济学

---

* 据说90%的经济学家赞同以下命题："对于未实现充分就业的经济体而言，财政政策（如减税和扩大政府开支）有明显的刺激效果。" Greg Mankiw, "News Flash: Economists Agree," February 14, 2009, *Greg Mankiw's Blog*, http://gregmankiw.blogspot.com/2009/02/news-flash-economists-agree.html。

家深入思考模型所适用的条件。如果就一个模型直接询问经济学家，他们可以长篇大论地讲述推出某个结论所需的所有假设，毕竟这正是建模的意义所在。但如果问他们这个模型是更适用于玻利维亚还是泰国，是更符合有线电视市场还是柑橘市场的情况，他们就很难给出明确的答案。经济学界的规范只要求建模者对模型的现实相关性做出有限的总体声明。分析出模型的具体适用条件，以便用它来更好地理解现实，则是读者或使用者的任务。* 这个额外因素增大了模型被误用的可能性。模型可能被抽离掉初始条件，应用于不合适的场合。

吊诡的是，在经验性较强的经济学科，如劳动经济学、发展经济学，其研究者几乎都直接和数据、现实证据打交道，但这其中的问题也许还更严重，因为这些研究背后的模型几乎总是从一开始就没有被具体化。分析的经验性给人一种对现实了解很多的错觉。许多经验研究者认为，他们的工作根本不需要模型。毕竟，他们只是探寻某种东西是否有效，或者 A 是不是造成了 B。但在所有的因果关系判断背后，都隐藏着某种模型。举例而言，如果更多教育带来了更高的收入，这是由于教育的回报，还是因为教育提供了更勤奋工作的动力，因而提高了收入？[17]把这些隐含模型搞明白，可以使研究结果的性质明确化，同时使人注意到模型依赖于具体条件。一旦模型被摆出

---

* 如东安格利亚大学经济学家罗伯特·萨格登指出的："经济学中……似乎有一个惯例：建模者不需要明确说明他们的模型对认识现实的意义。" Robert Sugden, "Credible Worlds, Capacities and Mechanisms" (unpublished paper, Robert School of Economics, University of East Anglia, August 2008): 18。

来，我们就能看到结论取决于哪些条件，以及结论能不能被轻易地推广到其他场合。

如前所述，随机田野实验是当今最有趣的应用研究之一。研究者通过这种实验，检验特定的政策干预是不是能带来预期的效果。这种实验的目标是直接揭示现实——具体的现实。但是，这种实验基本上也不说自身研究结果适用于哪些具体条件不适用于哪些条件，不说干预适合于具有哪些特征的经济和社会。所以，这些事实上很有条件局限性的研究结果，很可能给人以普遍适用的印象。

最终的结论是，经济学家的实践与职业偏向，有很多令人不满之处。但能不能说，这些缺点是根本性问题，因为它们的存在，整个经济学都存在固有缺陷，难以反映社会现实？我不这么认为。

权力与责任

首先，为什么说经济学家除了掌握教学之外，还掌握着权力？这并不显而易见，因为，多数经济学家其实只满足于写论文彼此交流，不觊觎现实权力。

经济学家的权力源于两方面，二者之间存在着些许张力。首先，经济学有着科学的外表，能为解决公共政策问题提供有益的知识。其次，他们的模型提供的各种叙事，能够轻易地塑造大众的观念。这些像寓言一样的叙事往往有其寓意，既能以简单好记的形式说出来（如"税收扼杀激励"），也能与明确的政治意识形态相契合。如我在第一章阐述的，科学的一面和故事性的一面，通常是互补的。结合在一起，它们能使经济学家的观点在公共讨论中赢得巨大力量。

当经济学家把特殊模型当成一般模型时，错误就会发生。在这种时候，经济学叙事就会赋予自身以生命，与它所赖以产生的条件相脱离。它会演变成一种全能性解释，遮蔽其他的也许更适用的叙事。幸运的是，解药是存在的，而且就在经济学内部。补救办法是，经济学家们回到内部研讨会上，提醒自己经济学界还存在其他模型。

在之前的一本书中，我写道，有两种类型的经济学家。这是比照英国哲学家以赛亚·伯林曾做的著名区分。虽然当时我指的是研究国际经济的专家，但这个观点可适用于一般情况。[18]一类是"刺猬"，专注于一个宏大理念，如市场最有效率、政府是腐败的、干预总会适得其反。他们不断地应用这个理念。另一类是"狐狸"，没有宏大的理念，而是对世界持许多不同的想法，其中一些是相互矛盾的。"刺猬"解决问题的方式总是可以预测的：出路是更自由的市场，无论经济问题的具体特征和背景条件如何。"狐狸"的回答将是："这取决于具体条件。"他们有时建议更多的市场，有时建议更多的政府。

在参与公共讨论时，经济学需要更少的"刺猬"，而需要更多的"狐狸"。能够随条件要求而在各种解释性框架中跳跃的经济学家，更有可能为我们指明正确方向。

第六章　经济学及其批评

一位经济学家、一位医生和一位建筑家一起坐火车旅行。他们陷入了一场争论：三个职业哪个最可敬？医生指出，上帝用亚当的肋骨创造了夏娃，所以上帝肯定是个外科医生。建筑师反驳说："在亚当和夏娃存在之前，上帝必然要先从混沌中创造宇宙，而那必然是建筑学的伟业。"这时，经济学家说："你们觉得混沌是从哪儿来的？"*

没有批评者的经济学，就像没有王子的哈姆雷特一样。经济学的科学表象、在社会科学界的崇高地位、经济学家在公共讨论中的影响力，都使它成为众矢之的，备受贬低。批评者指责经济学家把社会现象简单化，提出没有根据的普适性主张，忽视社会、文化与政治背景，把市场、物质激励等抽象概念说成是实存的，而且有保守主义倾向。在本书中，我自己就曾大

---

* 这个笑话是我上大学时从 BBC（英国广播公司）的一档广播节目中听到的。和往常一样，这是一位经济学家讲的，他就是 E. F. 舒马赫（E. F. Schumacher）。经济学家就是他们自己最严厉的批评者。

篇幅批评过经济学的两个弱点：对模型的选择重视不够，有时过度关注某些模型而忽略另一些模型。在很多情况下，经济学家的确误导了世界。

但在本章中我将论述，对经济学的泛泛批评基本上是不成立的。经济学包含各种模型，承认复杂多样的可能性，而不是一堆已经包装好的结论。如三位经济学家，同时也是三位批评者所说的，标准陈述"常常会忽视经济学内部存在的多样性，以及正在被验证的许多新想法"。它常常忽略一个现实："一位主流经济学家不一定持有'正统的'观点。"[1]当经济学家的行为不符合经济学的要求，宣讲普适性的解决办法或市场原教旨主义时，批评者的确有其道理。但批评者也需要明白，这么做的经济学家其实是不忠于自己的学科的。这样的经济学家既应遭到外行的斥责，也应受到其他经济学家的反驳。一旦承认这一点，许多常见的批评就失效了，或者变得无力了。

重新思考常见的批评

在此前的章节中，我们已经看到一些最常见的批评，它们以各种形式表现出来。例如，有人批评经济学模型过于简单。这是对分析的性质的误解。事实上，简单性是科学的要求之一。每一种解释、假说、因果关系表述，都必然是一种对现实的理想化：把许多因素排除了，才能集中考虑实质问题。"分析"（analysis）一词本身源于希腊语，最初表示把复杂的东西拆解为比较简单的元素。它是"综合"(synthesis)的反义词,后者是指把不同的东西结合在一起。如果不把事物拆解为更简单的成分,分析和综合都是不可能的。

当然,简单不一定意味着简单化。据说爱因斯坦曾说:"所有东西都应该被弄得尽量简单,但绝不能过简。"当不同的因果机制强烈地相互作用,而又不能被析离出来单独研究的时候,模型的确应该包含这些相互作用。例如,如果一场咖啡树枯萎病既导致生产成本上升,又破坏了主要咖啡出口商之间的固定价格协议,我们就不能把供给冲击和垄断被削弱这两个因素的效果分开来分析。这就需要比普通模型复杂得多的模型。不过,即使这样的模型,依然远不能说是准确地代表了社会现实。如果复杂性的主张者说的是这种复杂性,那就是没有问题的。另一方面,如果基本的关系依然是模糊不清的,而且模型提出的解释并不以简单的因素为基础,那么,复杂性只能导致不连贯性。

我们再来考虑一下与此有关的一种批评:经济学模型经常做出不符合现实的假设。对经济学的这一指控成立。许多经济学模型使用的假设,如完全竞争、完全信息、完美预见等,显然是不符合现实的。但正如我在第一章中解释的,就像我们可以在截然不同于现实的实验室里做实验一样,有些假设不符合现实的模型也可以是有用的。通过这两种方式,我们都能排除干扰因素,确定因果关系。我们必须注意的是关键假设,即与实质性结果或所要处理的问题直接相关的假设。显然,我们不会基于从真空中推出的原理来制造一架飞机。

以对汽车征收销售税为例。如果我们考虑对所有类型的汽车征收某个百分比的税收所带来的结果，那么，在消费者眼里大汽车和小汽车的可替代性就不是重要因素。我们当然可以假设大小汽车完全可以相互替代。但是，如果只对豪华车征税，那么完全替代假设就不再是无足轻重的了。这样的税收对政府财政收入和汽车销售的影响，将在极大程度上取决于经济学家所说的"需求的交叉价格弹性"（对某种子类别商品的需求对另一种子类别商品的价格变化的敏感度）的大小。这一弹性越大（以绝对值计算），消费者弃大汽车而购小汽车的量就越大，政府以这种税收得到的财政收入就越少。即使在假设变得更符合现实的时候，经济学家也必须确保他们开出的药方是有效的。

因为经济学家把个体作为分析单位，所以常有人批评他们忽视了决定个体行为的社会与文化因素。社会学家和人类学家经常在社群、社会而非个体的层面上，寻求对现象的解释。（经济学家更喜欢以个体决策为基础推出整体结论的做法，被称为"方法论上的个人主义"，与宏观经济学界存在的追求微观基础的倾向类似。）这些批评者称，正是文化实践和社会规范颂扬某些类型的消费和行为，贬抑另一些，所以即使在涉及消费、就业等经济决策时，它们也发挥了决定性作用。根据这一思路，经济学家沉迷于研究单个家庭或投资者的决策，掩盖了一个事实：人们的偏好和行为方式是"以社会化方式构建"的，即是由社会结构决定的。[2]

的确，经济学家最基本的标准模型，忽略了人们的偏好、人们受其限制的社会与文化根源。但这并不是说,我们不能扩展这些模型,将这些影响包含进来,推出其含意。事实上,经济学界的一个积极的研究计划就是在做这个工作,分析个体之间的互动如何塑造了身份、规范与文化实践。[3]除非我们相信人类没有任何能动性,其行为是完全由不受其控制的外部力量决定的,否则,对社会现象的任何合理解释,都要把这些现象与不同个体选择的行为结合起来分析。经济学模型的确是以明确考虑人类决策所受的各种限制(物质、社会、环境)为基础的,所以非常适于做这样的分析。就对良好的社会分析的意义而言,所谓个体层面分析与社会层面分析的区分,大体上是一种错误的、无益的二元论。

经济学家是不是偏好以市场为基础的解决方案?这个指控或许也是成立的。但正如我已在前文中说明的,这个问题与其说与经济学的本质有关,还不如说与经济学家在公共场合展示自身的方式有关。如今,经济学家要让自己的研究生涯成功,不是靠证明市场如何有效率,而是靠对亚当·斯密的"看不见的手"定理提出有趣的反例。例如,也许会让读者感到惊奇的是,经济学家中最热烈的自由贸易鼓吹者之一贾格迪什·巴格瓦蒂(Jagdish Bhagwati),最初是凭借一系列说明自由贸易在什么情况下对一个国家有害的模型而赢得学术声誉的。*纠正这种偏向的办法不是给经济学另起炉灶,而是更好地展示已经在公共讨论中存在的经济学模型的多样性。

另一项批评是,经济学家的理论无法得到合理的检验。经验分析永远无法得出确定的结论,而无效的理论很少被摒弃。经济学偏好的模型类型不断变化,主要驱动力不是证据而是赶时髦与意识形态。如果经济学家自视为现实社会的物理学家,这个批评就是成立的。但正如我在前文中解释的,将经济学比作自然科学是有误导性的。经济学是一门社会科学,这意味着,寻求普适理论和结论的努力是徒劳的。一个模型或理论充其量只在具体条件下成立,期望使其获得一般性的经验证实或证伪,基本没有意义。

经济学进步的方式是扩大潜在可适用模型的集合,用较新的模型来描述曾被较旧的模型忽略的一些社会现实。当经济学家遇到一种新现象时,他们的反应是构建出一个可以解释它的模型。经济学进步的另一种方式是找到更好的模型选择方法,即提高模型和现实条件的拟合程度。如我在第三章中解释的,

---

* 巴格瓦蒂自20世纪80年代以来一直不懈地鼓吹自由贸易。在早期的学术研究中,他曾证明一个开放经济体也许会因增长而遭受一定的损失,因为增长会导致其进出口的国际价格发生变化。他还曾详细分析过市场扭曲现象及所需的对策,证明在很多情况下自由放任只是一种次优选择。Jagdish Bhagwati, "Immiserizing Growth: A Geometrical Note," *Review of Economic Studies* 25, no. 3 (June 1958): 201-205; Bhagwati and V. K. Ramaswami, "Domestic Distortions, Tariffs and the Theory of Optimum Subsidy," *Journal of Political Economy* 71, no. 1 (February 1963): 44-50。

这与其说是科学，不如说是技艺，而且经济学界对其关注的程度不够。但运用模型做研究的优点在于，模型选择所需的要素，即关键假设、因果关系、直接与间接的含意，都是简明易懂的。通过这些因素，经济学家可以检验模型与条件之间的相符程度，即使在不能正式、决定性地检验的时候，也可以非正式、大概性地检验。

经济学受到的最后一个质疑是，它无法预测未来。约翰·肯尼思·加尔布雷斯曾打趣说，上帝创造经济预测者，是为了让占星家显得能干（加尔布雷斯自己也是一位经济学家）。近年来批评者举出的首个例证就是2008年全球金融危机。正当绝大多数经济学家误以为宏观经济稳定和金融稳定已永久实现时，危机爆发了。我在第五章解释过，这一错误认识是经济学一个常见盲点——把特殊模型视为一般模型——的又一个副产品。有反讽意味的是，假如经济学家此前更慎重地对待自己的模型，他们就不会对金融创新和金融全球化的效果抱有那么大的信心，从而会对后来发生的金融动荡有更好的准备。

但是，任何社会科学都不应宣称能预测未来，这也不应成为对其评判的基础。社会生活的变化方向是无法预测的，因为有太多的影响因素。用模型的语言来说，关于未来的模型数量无穷无尽，包括现在还没有被构建出来的模型！充其量，我们只能期待经济学及其他社会科学做出一定条件下的预测：在其他因素保持不变的情况下，具体、逐一地预测个体性变化可能造成的后果。这就是好模型的功能。对于一定的大规模变化可能造成的后果，对于当一些原因压倒其他原因时出现的结果，好模型能提供一定的指引。我们可以理性地大致断定,大规模的物价管制将导致短缺,咖啡歉收将导致价格上升,央行在平时大量注入货币将导致通胀。但在这些例子中,"所有其他条件保持不变"是一个合理的前提假设,因此这样的预测就更像是一定条件下的预测。麻烦在于,我们经常既无法猜测在多个可能的变化中,究竟哪一个会发生,也无法确定不同因素影响最终结果的相对比重。在这些情况下,经济学都必须审慎和谦恭,而不是自以为是。

在本章余下来的部分,我将回应迄今为止我还未详细探讨的另外两个主要批评。第一个批评是,经济学充满了价值判断,许多以科学分析面目出现的东西,其实不过是表达了对市场主导型社会(market-based society)的规范性偏好。然后我将评价第二个批评:经济学压制多元化,敌视新思路、新观点。

价值观问题

经济学中的大多数模型都假设个体的行为是自利的。他们试图将自己(也许还有子女)的消费可能性最大化,不关心其他人的境况。在许多情况下,这很符合现实。完全相反的假设,即认为人的行为是彻底无私的,则是不合理的。而且,承认一定程度的利他和慷慨,并不会给许多模型的结论造成实质性改变。

相当多的研究都放松了这个严格的假设，也承认一定程度的利他、顾他行为。对一些情况如慈善或大选中的投票而言，要理解现实，就必须考虑自利之外的其他动机。不过，公允地说，行为的自利性的确是经济学的一个标准假设。但是，经济学模型是要描述实际发生了什么，而不是应该发生什么。在这样的分析中，是没有任何价值判断的。

经济学的至高成就"看不见的手"定理，也许的确使经济学家对人的自利表现更加无动于衷，更加宽容。毕竟，该定理的核心洞见是，个体利益可以被驾驭以符合公共利益。如果社会是由自利的个人组成的，这不一定会导致经济和社会混乱。从社会的角度而言，对于一些人追求物质好处，最好的应对方式是大量其他人也追求物质好处。无拘无束的竞争可以治疗社会可能产生的一些弊病。

美国的宪政设计是一个恰当的类比。在詹姆斯·麦迪逊、亚历山大·汉密尔顿等美国联邦制度的设计者看来，一套政治体系理所当然地应该围绕着各种有组织施压集团的私利运行。以这一认识为基础，他们设计了制衡性的联邦制度。多个权力中心的存在，其权力受到的限制，再加上联邦的庞大规模本身，都足以阻止任何一派占据上风。假如批评这些联邦党人在美国政治中把私利神圣化了，那是不公正的。在他们看来，他们只是在处理私利造成的影响。与此类似，如果经济学家设计的模型中充满了自利的消费者，这并不是他们持某种伦理立场。他们只是在描述，当自利的消费者与同样自利的企业在市场中互动时，会发生什么样的事情。

但是，自利在经济模型中的这种标准作用，会不会造成一种规范性的支持自利的倾向？我们可以问，这会不会将这些行为"规范化"，并排挤更为社会导向的其他行为。有一个发现似乎能支持这一担忧：经济学专业的大学生通常会比其他专业的大学生更自利，他们的行为更符合囚徒困境等标准的经济学模型。在一些人看来，这一结果证明，学习经济学会让人变得更自利。

但事实是，这个结果指向另一个假说：某些类型的学生比其他人读经济学的概率更高。对以色列学生的研究发现，早在经济学学生开始课程学习之前，他们和非经济学学生之间就已经存在价值观差异了。来自瑞士的研究表明，经济学学生中的一些群体（主修商学的学生）在上大学期间，为贫困学生捐款的倾向就比较低，这一倾向在他们学习经济学的过程中并没有下降。[4]所以，也许经济学的确吸引了特定的学生——更自利的学生！但是，要说经济学以某种方式使学习者变得更自利，则没有那么强的证据支持。

因为强调自利是经济学模型的显著特征，所以，经济学家对公共问题会表现出一种倾向：更支持以激励机制为基础的解决方案。以气候变化和如何解决碳排放问题为例。大众的观点千差万别，但经济学家的建议几乎异口同声：或者征收碳税，或者实行一套效果类似的机制，即对碳排放设置配额，在生产者之间交易排放权。* 这两种机制都是要提高企业的碳使用成本，使收益降低。在经济学家看来，这样的政策是对的，因为它切中肯綮。因为企业未能考虑到其决策的环境影响，所以正确的对策是迫使企业为碳排放付费，将外部成本"内部化"。

这个药方会让许多非经济学家觉得不舒服。它似乎把道德责任（"不要破坏环境"）变成了成本收益计算。一些人走得更远，认为碳税或排放权交易是在让污染合法化，因为这给企业传递的信息似乎是，只要交费，就可以进行碳排放，进而加剧气候变化。近年来，哈佛大学政治哲学家迈克尔·桑德尔大声疾呼，批评经济学对公共文化的有害影响。桑德尔对物质激励的评价如下：

> 给一个生命中的好事物定价，会腐化它。这是因为，市场不仅在配置商品，它还表达并宣扬对被交易商品的某种态度。以金钱奖励小孩读书也许会让他们读得更多，但这也可能让他们认为阅读是一种负累，而不是内在愉悦的源泉。在我们的战争中使用外国雇佣兵，也许可以挽救我国公民的生命，但这也可能腐蚀公民身份的意义。[5]

换言之，对市场和激励机制的依赖会滋养一些腐蚀性的、损害社会目标的价值观。

经济学家的回应也许是，在他们看来，像碳排放控制这样

---

* 在一个信息充分的世界里二者完全等价，但在信息不确定性的情况下，二者会造成不同的结果。

的目标并不是道德问题，而是效率问题。道德规劝是好的，但激励机制才是有效的。如果遭到进一步的反驳，经济学家可能求助于经验主义。他们会说：好吧，有成百上千的研究显示，当能源价格如油价上升时，企业会减少能源使用，给我们看看道德规劝能减少碳排放的证据吧。

经济学家的本能是把现实，包括人类的自利性，看成是既定的，并围绕这一限制条件来设计解决方案。他们会辩称，这与他们的价值观和道德准则无关，只与他们的经验倾向有关。而这也是对的。如果这种倾向有时会使经济学家太快地鄙夷一些不以激励机制为基础的解决方案，当出现证据显示他们的反对者有几分道理时，这种倾向也会让他们愿意表示赞同。

我曾在第二章简单提及一个出人意料的真实实验，它曾在经济学家中激起一场骚动。为了减少迟到，一家以色列托儿所规定，接小孩迟到的家长要交罚款。这一政策与经济学家通常的建议相符：如果你想让某种行为减少，就让从事这种行为的人付出更大的成本。但让几乎所有人惊奇的是，在实行罚款后，迟到现象其实增多了。看起来，在有了罚款后，父母会觉得迟到是情有可原的。当金钱罚款发挥作用时，此前约束父母行为的道德律令松弛了。或者用经济学家的术语来说，迟到的道德成本被降低了，也许被消除了。如经济学家塞缪尔·鲍尔斯（Samuel Bowles）指出的，这个例子表明，物质激励有时会挤出道德行为或关心他人的行为。[6]

在这个例子给经济学家的教训是，有时他们需要一套比在最简单的模型中使用的更丰富的人类行为范式（或成本收益范式）。只要有证据显示标准模型出错了，经济学家通常都会乐意考虑其他因素，并做出必要的调整。显然，标准模型无法解释这个事例。但是，当经济学家做出调整时，他们依然是从实用性和效率角度，而非道德角度考虑问题。例如，以色列托儿所的事例能不能也适用于碳排放控制？认为发电厂是在一个道德世界中运行的，关心紧迫的防范气候变化要求，因此碳税的征收会显著影响它们的行为，这是否符合现实？是不是公共教育运动、提升大众意识或道德规劝能对减少碳排放产生更大作用？对经济学家来说，这些是经验问题，而非道德问题。

再来看看桑德尔做出的更具一般意义的指责：市场滋生"市场价值观"，让我们交易一些不应在市场上交易的东西。桑德尔写道："在我们生活的这个时代，几乎一切都能买卖。"用他的话来说，所有东西都是"明码标价的"。除碳排放费之外，桑德尔还举过另一些例子：在圣安娜，每晚花 90 美元可以住进待遇升级的囚室；在明尼阿波利斯等城市，只有一名驾驶者的汽车花 8 美元就可进入拼车专用车道；花 8000 美元可以雇到一名印度代孕母亲；花 25 万美元可以买下对一头珍稀黑犀牛的猎杀权；花 1500 美元可以买到一位医生的手机号码。[7] 在桑德尔看来，像这样的例子证明，市场价值观正在我们的社会生活中扮演越来越重要的角色。

但所谓的市场价值观究竟是什么？深层次而言，经济学家的考虑只有一项——效率。对于市场，经济学家只能这么说，假如市场运转良好，不存在常见的各种缺陷，它就能带来精确意义上的资源有效配置,即除非让一些人变穷,否则无法让另一些人变富。任何经济学家,如果以经济学本身为基础,对市场的公正、正义或伦理价值做出更具一般意义的判断,就无疑是一种行为不当。

当然,市场与效率之间的紧密联系,并不阻止个体经济学家给市场附加各种价值。例如,一位经济学家的个人价值观也许会使他成为自由企业制度的鼓吹者。这是基于自由意志主义的信念:人们想和谁交易就可以和谁交易,这样的自由不应受到限制。但是,这些信念源于经济学之外。如果一位经济学家鼓吹这样的信念,其效果与一位建筑师或医生的鼓吹是一样的,并不使之更可信。市场与效率之间的紧密联系,也不阻止人们基于具体证据做出这样的判断:在一些情况下,减少对市场的干预可以带来除效率之外的好处。例如,经济学家经常主张,发展中国家取消燃油补贴,除了能增进效率,还能提高分配公平性。原因是,补贴不仅导致对燃油的过度消费(正是这造成了低效),而且其主要受益者是富人(他们是受补贴燃油的主要使用者)。但这样的主张必须以经验的、基于具体案例的方式呈现。

效率是不是个好事?是的,本身就是好事。我们可以毫不犹豫地说,当我们比较各种可能的社会状态时,效率是一个值得考虑的因素,一项价值观。但它显然不是唯一因素。公平、关心他人的天然道德价值观、对社会负责的行为,都是与效率竞争的价值观。有时这些考虑会把我们推向与效率相同的方向，因而能增强支持市场的合理性。另一些时候，我们也许要考虑彼此间的紧张和此消彼长关系。什么能、什么不能在市场上出售，要回答这个问题，最终要靠在多种维度之间权衡。不同的社会可能给出不同的回答。即使在同一社会里，答案可能也会随时间而变化。同样，经济学家也没有任何独特专长来进行这样的权衡。经济学家充其量只能做出一些有益的贡献。

例如，对于是不是可以在对单独驾驶者收费后允许其进入拼车专用车道的讨论，经济学家可以做出贡献。他们可以对以下因素做出基于学识的合理猜测：什么类型的驾驶者最可能愿意支付这笔额外费用；从中受益的人（他们能更快到达目的地）能获取多少收益；收费公路管理当局能得到多少收入，可将其投入什么用途；这给拼车专用车道带来的潜在拥堵成本将如何分配（谁来承担和承担多少）。关于这些问题的证据可能最终让多数人接受一种看法：收费的做法综合而言是值得做的。对其他问题，如是否可允许囚犯在付费后进入更高待遇囚室的问题，也进行这样的分析，也许可以得出相反的结论。在这两个案例中，经济学家都不应把市场化做法宣扬为一般性解决方案而不承认效率之外的多种考虑。

公允地说，桑德尔的批评并不是"稻草人谬误"。经济学家的确经常不够谨慎，发表一些其实超出了经济学专业范围的观点。还记得第五章列出的绝大多数经济学家赞同的命题吗？其中许多命题隐含着价值判断。当经济学家说，对外贸易不应受到限制，外包不应被阻止，农业补贴应该取消时，他们就已经对一些本来不能只从效率角度考量的问题做出了判断。在所有这些问题中，正义、伦理、公平、分配问题都是纠缠在一起的。如果自由贸易主要让富人受益，同时会使我们社会中一些最穷的工人受损，推动自由贸易必定是公正的吗？如果穷国工人缺乏最基本的权利，在危险的工作环境中艰辛劳动，那么把工作外包给这样的穷国并从中获益，是公正的吗？赞同这些命题的超过90%的经济学家，必定是没有意识到这些问题，或者总是将其排在效率考虑之后。无论是这两种情况的哪一种，都有问题。即使假定我们可以用轻松、普遍适用的方式来预测这些措施的效率影响，因而我在第五章里表达的担忧可以淡化，也毫无疑问经济学家在这些特定领域里也把手伸得过长了。

由于经济学家的训练，除了从配置效率的角度外，他们没有任何工具去评估其他形式的社会状态。所以，每当人们请求经济学家对公共政策发表评论时，他们就易于犯上述错误。他们很容易把效率目标与其他社会目标弄混。如果对经济学家进行有效的反驳，就可以将他们一军，让他们注意到他们正在如何跨出自己的专业界线。同时，经济学家必须提醒公众：政治家及其他政策企业家以经济学家的名义发表的许多观点，都无法从经济学中找到充足的依据。

一个最早也最有影响力的支持市场的非经济学观点是，参与市场活动可以让人变得更平和。如阿尔伯特·赫希曼在他大手笔的《激情与利益》（*The Passions and the Interest*）一书中提醒我们的，17世纪末和18世纪的思想家认为，追求利润的动机可以抵消较为原始的人类行为动机，如暴力与控制他人的冲动。当时，法语词doux（字面意思是"甜"）常被用于形容"商业"，以表示商业活动能促进人与人之间优雅、和平的互动。孟德斯鸠有一句名言："在任何风俗优雅的地方都有商业；在任何有商业的地方，风俗都优雅。"大卫·李嘉图的祖父塞缪尔·李嘉图指出，拜商业之赐，人们追求深思熟虑、诚信、审慎等美德。人们远离恶行，是为了避免失去信誉，成为丑闻的主角。以这种方式，利益可以驯化激情。[8]

这些早期的哲学家鼓励市场的扩展，不是出于效率考虑，或是为了增加物质资源，而是因为他们认为，市场将造就一个更符合伦理、更和谐的社会。讽刺的是，300年后，许多人已经把市场与道德腐化联系在了一起。正像今天的市场鼓吹者忽视了效率的局限性一样，也许经济学的批评者也忽视了市场能以一些方式增进合作精神。

欠缺多样性

对经济学最常见的一个批评是把它描述为一个排外的俱乐部。在批评者看来，这种排外性使经济学与世隔绝，对替代性的经济学新思维不开放。他们认为，经济学应该变得更包容、更多样，更欢迎非正统的思路。

这是学生经常提出的一个批评，这种批评部分是由是经济学的教学方式所致。例如，2011年秋，一群学生罢了哈佛大学最受欢迎的经济学入门课"Economics 10"。这门课是由我的同事格里高利·曼昆讲授的。他们的抗议是，这门课披着经济科学的外衣扩散保守主义意识形态，帮助延续社会不平等状态。曼昆不屑一顾地说，抗议者"见识短浅"。他指出，经济学没有一套意识形态，只是一套方法，让我们合理地思考，找到正确的答案，而没有任何预先确定的政策结论。[9]

2014年4月，曼彻斯特大学一个自称"后危机经济学会"的学生组织发布了一份60页的宣言，呼吁对经济学教育进行实质性改革。英格兰银行高级官员安德鲁·霍尔丹（Andrew Haldane）为该报告写了序言，它还得到了许多其他经济学家的支持。宣言指责经济学教学过于狭隘，主张增加多样性，并引入伦理学、历史学和政治学视角。这些学生写道，标准经济学范式的垄断妨碍了"有意义的批判性思考"，因此本身就是有害于经济学的。*

经济学里明显有多种多样的模型，有鉴于此，我们如何理解这些批评？从学生的角度来看，问题在于，经济学入门课的主要内容通常是给市场唱赞歌。入门课基本不会让学生体会经

---

* *Economics, Education and Unlearning: Economics Education at the University of Manchester*, Post-Crash Economics Society（PCES），April 2014，http://www.post-crasheconomics.com/download/778r。牛津大学经济学家西蒙·雷思-刘易斯对这些学生的批评对在哪里、错在哪里做了一番很好的探讨，见 Simon Wren-Lewis "When Economics Students Rebel," *Mainly Macro*（blog），April 24, 2014，http://mainlymacro.blogspot.co.uk/2014/04/when-economics-students-rebel.html。

济学结论的多样性，除非他们继续学习许多经济学课程，否则很难接触到那些内容。经济学教授被指责为思维狭隘、意识形态化，因为在向局外人传递经济学信息时，他们就是自己最大的敌人。他们不是展示自己对经济学思想的全方位掌控，而是只谈强调一类结论的标准模型。这一点在入门课中体现得尤其明显，通常教授会竭力证明市场是如何有效率的。如牛津大学经济学家西蒙·雷恩-刘易斯（Simon Wren-Lewis）指出的："经济学惯常教学方式的一个令人悲哀之处是，学生通常看不到（经济学界）正在进行的很多有趣研究。"[10]我们难道能指责学生们对新视角的要求吗？

我自己也经常嘲讽经济学界的"传统智慧"，但这对我的职业生涯并无明显损伤（至少我认为没有！）。对许多非经济学家来说，我也许不够激进，但在经济学界我经常被视为异端。哈佛大学的另一位经济学家每次看到我时都会问："你们的革命搞得怎么样了？"不过，尽管在我的很多文章里，我得出的政策结论都和流行学术观点不同，但我从来没有觉得在经济学界受到歧视。我并不觉得，我的研究论文只因为其推理和结论，就受到了学术杂志编辑或其他经济学家更严苛的评价。

结论方面的多元主义是一回事，方法方面的多元主义则是另一回事。没有任何学科会允许与主流偏离太大的研究方法，经济学也不会宽容那些违反经济学研究方式的人。一个有抱负的经济学家必须构造清晰的模型，应用合理的统计技术。这些模型可以包含很多种假设，不在这方面留空间，就不可能得出新颖或非常规的结论。但是，并不是任何假设的可接受程度都是相同的。在经济学中，这意味着模型的假设越是偏离标准假设，就越需要证明和让别人相信为什么这样的偏离是必需的。

要被视为局内人，所做的研究会受到严肃对待的人，你就必须遵守这些规则。如果说我的研究得到了经济学界的接受，这是因为我一直遵守这些规则。我这样做不是因为这些规则能让我展示自己的专业性，而是因为我发现它们是有益的。它们让我的研究规范化，确保我不会胡言乱语。但它们又不会把我束缚得太厉害，我依然可以探寻可能导向非正统结论的研究兴趣或分析路径。

所以，与经济学留给政策结论的多样性空间相比，给方法论多元主义留的空间要小得多。多数经济学家会说这是件好事，因为这能避免粗率的思维，以及在经验数据贫乏时做出结论。一些方法好于其他方法。把因果关系明确化的正式框架，要好于未明确相互作用机制、可以做多种解读的文字叙述。当经济学家探讨市场竞争、协调失灵或囚徒困境时，他们设计的模型常常通过分析人的行为来解释人塑造的社会现象，这比说模糊的社会运动自身具有动能的模型要好得多。关注因果关系、"遗漏变量偏差"的经验分析，要比不关注这些因素的分析好得多。

在一些人看来，这些限制代表了一种方法论上的桎梏，会扼杀新思维。但人们很容易夸大经济学学术规则的严格性。*以我自己的经历来说，在短短的 30 年时间里，我已经见证了经济学发生的剧烈变化。

以我 20 世纪 80 年代中期读研究生时关注的一些领域为例。我需要参加笔试的三门课是发展经济学、国际经济学和产业组织学。到现在，三门学科的面貌都发生了巨大的变化。最重要的是，它们都变成了以经验而非理论为主的学科。在我写学位论文的时候，这些领域最好最聪明的研究者都聚焦于应用理论，构建数学模型来阐明经济的某一方面。他们用证据来推动模型，有时用来支持他们的结论。很少人把大部分研究精力都花在经验分析上。只有较差的、缺乏聪颖思想和理论技能的学生，才会以经验方式验证不同的模型。

如今，在发展经济学和国际经济学这两个领域，文章如果不包括一些严肃的经验分析，就几乎不可能在顶级刊物上发表。产业组织学的经验性也大大增强了，只是程度上不如前两者。而且，什么样的经验分析是可以接受的，这方面的鉴别标准也永久性地改变了。现在的学术规范对数据质量、从证据中得出的因果关系推论，以及各种统计陷阱的重视，都比过去高

---

* 即使外界对经济学所做的相对成熟的描述，也经常会夸大经济学的僵固性，低估其随时间变化的可能性。一个例子是 Marion Fourcade, Etienne Ollion, and Yann Algan, *The Superiority of Economists*, MaxPo Discussion Paper 14/3（Paris: Max Planck Sciences Po Center on Coping with Instability in Market Societies, 2014）。这篇论文强调了经济学的同质性，但文中列出了很多经济学已经发生的变化，以及我在下文中列出的变化。

多了。总的来说，经验性的增强对经济学是有好处的。例如，在国际经济学界，经验研究已经有了一些新发现，揭示了参与国际贸易的企业之间的产品质量与生产率差异的重要性，还出现了能解释这些发现的各种新模型。在发展经济学界，新证据已经引发了医疗、教育和金融领域的政策创新，可能改善无数人的生活。

经济学的巨大变化还表现在，近几十年来新的研究领域层出不穷，尤其值得关注的有三个：行为经济学、随机对照试验和制度经济学。引人注目的是，这三个领域都受到了其他学科的巨大影响，分别是心理学、医学和历史学，而且事实上是由其他学科激发的。它们的发展说明，说经济学自我隔绝、忽视其他同源学科的贡献，是不对的。

从某种意义上说，行为经济学的兴起代表着与标准经济学最大程度的偏离，因为它动摇了经济学模型中几乎神圣的基本假设：人是理性的。理性假设不仅在许多情况下显得合乎情理，而且以它为基础，我们可以对人的行为建模，依靠标准的数学最大化技术，考察个体在预算及其他约束下，如何使明确的目标函数最大化（也可能是最小化）。运用这些技术，经济学家可以对许多事情做出具体预测，如消费者如何选择购买的产品、家庭如何储蓄、企业如何投资、工人如何找工作等，以及这些行为如何取决于特定的条件。

该假定经常遭到经济学内部的批评，如赫伯特·西蒙主张一种"有限理性"，理查德·纳尔逊（Richard Nelson）提出企业的行为方式是试错而不是最大化，更不用说亚当·斯密本人也许就是最早的行为经济学家。[11]不过,心理学家丹尼尔·卡尼曼和合作者的研究对主流经济学产生了最大的影响。[12]2002年卡尼曼的贡献获得肯定,赢得诺贝尔经济学奖,这是非经济学家首次获得该奖。*

卡尼曼及其同事的实验记录了许多与经济学中的理性假设不符的行为规律。当人们放弃一件东西时,他对这件东西的估值高于他得到时的估值,这被称为"损失规避"。人们会基于少量数据过度归纳,这被称为"过度自信"。人们会低估与自身信仰相矛盾的证据,这被称为"证实偏差"。人们会屈服于明知对自身不利的短期诱惑,这被称为"自控力薄弱"。人们珍视公正和互惠互利,这被称为"有限自利",等等。在经济学的许多领域,这些类型的行为都有重大的影响。例如,金融领域的有效市场假说(见第五章)的前提是,投资者有不偏不倚的预期。当经济学开始把这些新发现引入模型时,一些长期无法得到解释的金融市场反常现象就得到了解释。例如,资产价格对新闻的反应明显会过度敏感,这可能是因为人们倾向于对更近的信息过度反应。[13]这些来自社会心理学的真知灼见后来被应用到许多决策领域,如储蓄行为、医疗保险选择、贫穷农民的化肥使用等。[14]行为经济学已不再是经济学的边缘学科,而是最有活力的领域之一,正在吸引最好的研究人才。

随机对照试验是对标准经济学的另一种偏离,代表着朝经

---

* 2009 年政治学家埃莉诺·奥斯特罗姆以她在制度和公共池塘资源管理方面的研究获得诺贝尔经济学奖。

验主义方向迈出的一大步。随机对照实验的目标是形成明晰无误的证据。经济学经验研究始终存在的一个难题是，难以揭示真正的因果关系。现实总在变化，使得研究者无法干净利落地确定很多事，例如，免费分发经杀虫剂处理过的蚊帐将如何影响疟疾的发病概率，因为太多其他因素也在同时发生变化，会干扰我们对影响的探求。经济学家已开始运用随机选择的方式研究这些问题。例如，蚊帐可以被分发给随机选择的一群人（实验组），没有得到蚊帐的人自然就构成对照组。两个组最终表现结果的差别，就可以归因于免费分发蚊帐的影响。与复杂的统计技术相比，这个做法相对简单。它还能很有效地确定，在特定条件下，什么做法能起作用，什么不能起作用。像往常一样，从特定结果推出一般性结论的做法是比较成问题的，因为在应用于其他条件时需要一定的推衍。

穷国为随机对照试验供了非常合适的环境。关于什么样的救济对这些环境最有效，曾有很多争论，穷国也有空间来试验不同的干预措施。由于这些国家极度贫困，找出有效的干预措施，其好处是巨大的。随机对照试验的一些方面至今仍是有争议的。批评者认为，对于研究欠发达状态及所需救济政策的田野实验，随机对照试验的倡导者夸大了它们的作用。[15]但很少有人会否认，这一波新研究潮流把经济学引向了另一个方向，丰富了我们对发展中社会许多特征的理解。

田野实验是针对特定社群的精细分析，通常是一次研究一个村庄。相比之下，制度演变的研究则有宏大视角，具备历史广度与深度。它聚焦于作为繁荣的现代资本主义前提的各种制度：法治、合同执行、产权保护、民主政治。这方面研究的灵感直接来自其他学科，如政治演变比较研究和史学研究，但这些学科的观点被经济学家加以改造，并用他们熟悉的模型方式呈现。经济学家还做出了很多努力，用复杂的经验分析和最先进的统计技术确证这些观点。

麻省理工学院经济学家达龙·阿西莫格鲁和哈佛大学受过经济学训练的政治学家詹姆斯·罗宾逊（James Robinson），是这一新研究潮流无可争议的领袖。他们曾与同样任职于麻省理工学院的西蒙·约翰逊（Simon Johnson）合写一篇论文，题为"对发展的殖民地起源的比较分析"，这是他们最早引起关注的主要研究项目。[16]这篇论文认为，几百年前殖民者施行的制度模式，直到今天还在产生影响。有的殖民者在定居到新地域后，建立了保护产权、促进经济增长和社会发展的制度，这主要是美国、加拿大、澳大利亚和新西兰的情况。而当殖民地的卫生条件不允许大规模定居时，殖民者建立了另一套更适合剥削资源的制度，从而阻滞了社会发展，这是非洲大部分地区的情况。这篇论文非常成功，不仅因为观点本身，还因为几位作者运用了有想象力的经验分析法去证实它。简而言之，他们利用了早期西方殖民者（如军官和传教士）的死亡率数据来判断，哪些殖民地更宜居，更适合建立保护产权的制度。*

---

* 此文作者认为，在殖民地的死亡风险较低的情况下，早期殖民者建立良好制度的概率较高。而且，导致西方人死亡的疾病通常与影响当地人的不同。这些假设使此文作者可以把殖民者死亡率作为一种外生变量，来衡量可能影响长期发展路径的制度的质量，并将其与其他决定因素相区别，如距离贸易路线的远近。

这篇论文不是没有批评者，但它激发了对政治经济学、制度演变、比较经济史的一波新研究，这令人回想起早期的社会科学研究时代，当时经济学还不是一门独立的学科。除了储蓄、资本积累等经济决定因素外，资本主义发展还有哪些深层次原因？为什么西班牙和葡萄牙在大发现时代引领全球之后，发展又落后了？种族隔离或文化特征会产生哪些长期经济影响？这些都是古老的问题，但研究方式是新的。[17]这些也是"宏大"问题，证明经济学有能力成功地参与讨论社会科学中的一些最重要问题。

这些新的研究领域也许尚未产生决定性的结论，也没有永久性地改变经济学的面貌。我的观点是，这些研究接纳了其他学科的知识，把经济学引向了许多新颖的方向。这表明，所谓经济学是孤立的、近亲繁殖的、拒不接受外部影响的学科这种说法，更多是一种脸谱化而非现实。

雄心与谦逊

对经济学的很多批评都能归结为一项指控：经济学家使用了错误的模型。他们应该是凯恩斯主义者、马克思主义者或明斯基主义者，而不应是新古典主义者；他们应该关注需求方，而不是关注供给方；他们应该是行为主义者，而不是理性主义者；他们应该是网络理论的主张者，而不是方法论上的个体主义者；他们应该是结构主义者，而不是互动论者。然而，仅仅转向另一种同样缺乏普适性、只能反映一部分现实的模型，并不是问题的解决方案。如前所述，这些替代性视角所代表的认识，事实上与经济学的标准建模方式并不冲突。只要我们把经济学视为许多模型的集合，以及一套在不同模型间甄别选择的体系，所有这些裂痕就都能被弥合。

那些最成功、最著名经济学家的情况就说明了这一点。2014年因规制研究赢得诺贝尔经济学奖的法国经济学家让·梯若尔就是个典型例子。毫不意外的是，他的获奖消息公布后，新闻记者如潮而来，请他简要说明作为获奖原因的研究。但他们免不了要失望。梯若尔抗议说："我不可能简单地总结我的贡献。它是因行业而异的。规制缴费单的方式与规制知识产权、公路的方式毫无关系。其中有大量的偶然、特殊因素。这也是它如此有趣的原因。它的内容非常丰富……不是一句话能说清的事。"[18]

像梯若尔这样真诚对待本学科的经济学家，必然是谦逊的。经济学教导他们，仅仅在极少的事情上，他们可以发表斩钉截铁的观点。对于大多数问题，他们的回答必然要采取如下的形式："这取决于具体条件"；"我不知道"；"给我几年时间（以及研究资金）来研究这个问题"；"在这个问题上有三种观点……"；"假设我们有 n 个商品和 k 个消费者……"在扮演这样的角色时，他们仍不免要受如下指责：他们只是象牙塔中的学者，痴迷于抽象的数学模型和花哨的数据，不能为促进社会理解和解决公共问题做出贡献。

但是，作为一门权衡的科学，经济学精巧地让我们能同时从两方面理解事物：成本与收益，已知与未知，不可能之事与可行之事，可能的情况和多半会发生的情况，等等。正如社会现实承认许多种可能性的存在一样，经济学模型也提醒我们，存在着多种多样的场景。在这样的情况下，经济学家之间的分歧是很自然的，谦逊始终是正确的态度。我们最好把这些分歧与不确定性告诉公众，而不是诱导他们错误地相信，经济学家提供的答案总是对的。

谦逊也将使经济学家成为社会科学学术界更好的公民。坦率地承认自己真正明白和理解多少东西，将有助于经济学家缩小与其他非实证性社会科学传统之间的隔阂。这样一来，经济学家与那些从文化、人文、建构主义、诠释主义视角来研究社会现实的人之间，也可以进行更好的对话。持这些视角的人对经济学的一个核心反对意见是，经济学带有一种普适主义、化约主义的思路。[19]但是，如果把模型的多样性与适用的特殊性置于经济学的首要位置，他们之间的分歧就不会显得这么大。例如，假设有人问一位经济学家："你怎么看待文化因素？"经济学家的回答就不应是"文化因素无关紧要"。他应该回答："哦，让我们尝试用一个模型来表述这个因素吧。"这样回答的意思是，我们应该清楚地表达我们的假设、因果关系链条和可观察到的含意。面对这样一种探究方式，任何通情达理的社会科学学者都不会掉头不顾。

经济学家依然可以追求更大的雄心，成为公共知识分子或社会改革者。他们可以在许多方面主张特定的政策或制度，如提高资源配置效率、释放企业家能量、促进经济增长、增强平等和包容性等。他们能为所有这些领域的公共讨论做出很大贡献。他们接触许多种反映社会生活的模型，记录着行为与社会结果的多样性，所以，与其他社会科学的学者相比，他们也许对社会进步的多种可能性更加敏锐。* 但他们也必须明白，当扮演这样的新角色时，他们就必然要越过经济学明确的科学边界。而且，他们必须说明这一点，否则必然要面对这样的批评：他们跨出了自己的专业领域，把自身的价值判断说成是科学。

经济学为应对我们时代的重大公共问题提供了很多跳板和分析工具。但它并未提供权威的、普适的答案。源自经济学界自身的结论，必须与伦理、政治或实践方面的价值观、判断、评估结合起来。归根结底，这与经济学这个学科没有多大关系，而是完全与现实相关。

---

* 这是伟大的经济学兼社会科学家阿尔伯特·赫希曼毕生主张的"可能主义"（possibilism）。他反对社会科学界常见的决定主义观念，即认为结果是由"结构性"条件严格限定的。他主张，理念和微小的行动足以产生决定性的影响。Philipp H. Lepenies, "Possibilism: An Approach to Problem-Solving Derived from the Life and Work of Albert O. Hirschman," *Development and Change* 39, no. 3 (May 2008): 437–459。

跋 二十诫

经济学家十诫

一、经济学里有各种模型,请珍视模型的多样性。

二、模型是特殊的,不是一般的。

三、把你的模型弄得足够简单,以集中分析特定的原因及其作用机制,但也不要太简单,以致遗漏各种原因之间关键的相互作用。

四、假设可以不符合现实,但关键假设不能不符合现实。

五、世界(几乎)永远是"次优"的。

六、用模型来考察现实需要精确的经验分析,这更是一门技艺而不是科学。

七、不要以为经济学家达成的共识一定代表现实。

八、当被问及经济或政策问题时,你可以说"我不知道"。

九、效率并不代表一切。

十、把你的价值观视为公众的价值观,是亵渎你的专长。

非经济学家十诫

一、经济学里有各种模型，没有预定的结论，请拒绝与此不符的说法。

二、对于经济学家的模型，不要因为它的假设而批评它。你应该问他，如果有问题的那些假设变得更符合实际，结论会发生什么样的变化。

三、分析要简洁，请不要把混乱伪装成复杂。

四、不要被数学吓到。经济学家运用数学不是因为他们聪明，而是因为他们不够聪明。

五、当经济学家提出一项建议时，问问他为什么确信建议背后的模型可以适用于眼前的案例。

六、当一名经济学家使用"经济福利"一词时，问问他这是什么意思。

七、请注意，经济学家在公共场合的发言可能与在内部研讨会上的不同。

八、经济学家并不膜拜市场（或者说不是所有经济学家都膜拜），但他们通常比你更知道市场如何运行。

九、如果你以为所有经济学家的想法都一样，可以去参加他们的一场研讨会。

十、如果你以为经济学家在对待非经济学家时表现得特别粗鲁，可以去参加他们的一场研讨会。

注　释

导　言　经济学理论的利用与误用

1. R. Preston McAfee and John McMillan, "Analyzing the Airwaves Auction," *Journal of Economic Perspectives* 10, no. 1 (Winter 1996): 159-75; Alvin E. Roth and Elliott Peranson, "The Redesign of the Matching Market for American Physicians: Some Engineering Aspects of Economic Design, " *American Economic Review* 89, no. 4 (1999): 748-80; Louis Kaplow and Carl Shapiro, *Antitrust*, NBER Working Paper 12867(Cambridge, MA: National Bureau of Economic Research, 2007); Ben Bernanke et al. , *Inflation Targeting: Lessons from International Experience*(Princeton, NJ: Princeton University Press, 1999).

2. Steven D. Levitt and Stephen J. Dubner, *Freakonomics: A Rogue Economist Explores the Hidden Side of Everything* (New York: William Morrow, 2005).

第一章　模型的用途

1. Ha-Joon Chang, *Economics: The User Guide* (London: Pelican Books, 2014), 3.

2. David Card and Alan Krueger, *Myth and Measurement: The New Economics of the Minimum Wage* (Princeton, NJ: Princeton University Press, 1997).

3. Dani Rodrik and Arvind Subramanian, "Why Did Financial Globalization Disappoint?" IMF Staff Papers 56, no. 1 (March 2009): 112-38.

4. Daniel Leigh et al., "Will It Hurt? Macroeconomic Effects of Fiscal Consolidation," in *World Economic Outlook* (Washington, DC: International Monetary Fund, 2010), 93-124, http://www.imf.org/external/pubs/ft/weo/2010/02/pdf/c3.pdf.

5. Ariel Rubinstein, "Dilemmas of an Economic Theorist." *Econometrica* 74, no. 4 (July 2006): 881.

6. Allan Gibbard and Hal R. Varian, "Economic Models," *Journal of Philosophy* 75, no. 11 (November 1978): 666.

7. Nancy Cartwright, "Models: Fables v. Parables," *Insights* (Durham Institute of Advanced Study) 1, no. 11 (2008).

8. 我在这里提到的哥伦比亚大学的研究是一篇著名的论文: Joshua Angrist, Eric Bettinger, and Michael Kremer: "Long-Term Educational Consequences of Secondary School Vouchers: Evidence from Ad-

ministrative Records in Colombia,"*American Economic Review* 96, no. 3 (2006): 847-62。

9. Nancy Cartwright and Jeremy Hardie, *Evidence-Based Policy: A Practical Guide to Doing It Better* (Oxford: Oxford University Press, 2012).

10. Milton Friedman, "The Methodology of Positive Economics,"in *Essays in Positive Economics* (Chicago: University of Chicago Press, 1953).

11. Paul Pfleiderer, "Chameleons: The Misuse of Theoretical Models in Finance and Economics" (unpublished paper, Stanford University, 2014).

12. 见 Gibbard and Varian, "Economic Models,"671。

13. Nancy Cartwright, *Hunting Causes and Using Them: Approaches in Philosophy and Economics* (Cambridge: Cambridge University Press, 2007), 217.

14. Thomas C. Schelling, *The Strategy of Conflict* (Cambridge, MA: Harvard University Press, 1960); Schelling, *Micromotives and Macrobehavior* (New York: W. W. Norton, 1978).

15. Diego Gambetta, "'Claro!'An Essay on Discursive Machismo," in *Deliberative Democracy*, ed. Jon Elster (Cambridge: Cambridge University Press, 1998), 24.

16. Marialaura Pesce, "The Veto Mechanism in Atomic Differential Information Economies,"*Journal of Mathematical Economics* 53 (2014): 33-45.

17. Jon Elster, *Explaining Social Behavior: More Nuts and Bolts for the Social Sciences*(Cambridge: Cambridge University Press, 2007) , 461.

18. Golden Goose Award, "Of Geese and Game Theory: Auctions, Airwaves—and Applications, "*Social Science Space*, July 17, 2014, http://www.socialsciencespace.com/2014/07/of-geese-and-game-theory-auctions-airwaves-and-applications.

19. Friedman, "Methodology of Positive Economics. "

20. Alex Pertland, *Social Physics: How Good Ideas Spread—The Lessons from a New Science*(New York: Penguin, 2014) , 11.

21. Duncan J. Watts, *Everything Is Obvious: Once You Know the Answer* (New York: Random House, 2011) , Kindle edition, locations 2086–92.

22. Jorge Luis Borges, "On Exactitude in Science, " in *Collected Fictions*, trans. Andrew Hurley(New York: Penguin, 1999) .

23. Uskali Mäiki, "Models and the Locus of Their Truth, "*Synthese* 180(201 1) : 47–63.

第二章　经济学建模科学

1. John Maynard Keynes, *Essays in Persuasion* (New York: W. W. Norton, 1963) , 358–73.

2. Adam Smith, *An Inquiry into the Nature and Causes of the Wealth of Nations*, 5th ed. (1789; repr. , London: Methuen, 1904) , I. ii. 2.

3. 关于铅笔的案例来自 Leonard E. Read 的文章"I, Pencil: My Family Tree as Told to Leonard E. Read"(Irvington-on-Hudson, NY: Foundation for Economic Education, 1958), http://www.econlib.org/library/Essays/rdPncll.html。

4. Kenneth J. Arrow, "An Extension of the Basic Theorems of Classical Welfare Economics," in *Proceedings of the Second Berkeley Sympo.sium on Mathematical Statistics and Probability*, ed. J. Neyman (Berkelev: University of California Press, 1951), 507 – 32; Gerard Debreu, "The Coefficient of Resource Utilization," *Econometrica* 19(July 1951):273-92.

5. Paul Samuelson, "The Past and Future of International Trade Theory,"in *New Directions in Trade Theory*, eds. A. Deardorff, J. Levinsohn. and R. M. Sternc Ann Arbor, MI: University of Michigan Press, 1995), 22.

6. David Ricardo, *On the Principles of Political Economy and Taxation*(London: John Murray, 1817), chap. 7.

7. Dani Rodrik, *The Globalization Paradox: Democracy and the Futture of the World Economy*(New York: W. W. Norton, 2011), chap. 3.

8. David Ricardo, *On the Principles of Political Economy and Taxation*, 3rd ed. (London: John Murray, 1821), chap. 7, para. 7. 17, http://www.econlib.org/library/Ricardo/ricP2a.html.

9. David Card, "The Impact of the Mariel Boatlift on the Miami Labor Market,"*Industrial and Labor Relations Review* 43, no. 2CJ anuary 1990):245-57; George J. Borjas, "Immigration,"in *The Concise Ency-*

clopedia of Economics, http://www.econlib.org/library/Encl/Immigration.html, accessed December 31, 2014; Örn B. Bodvarsson, Hendrik F. Van den Berg, and Joshua J. Lewer, "Measuring Immigration's Effects on Labor Demand: A Reexamination of the Mariel Boatlift"(University of Nebraska—Lincoln, Economics Department Facultv Publications, August 2008).

10. James E. Meade, *The Theory of International Economic Policy*, vol. 2, *Trade and Welfare*. (London: Oxford University Press, 1955); Richard G. Lipsey and Kelvin Lancaster, "The General Theory of Second Best,"*Review of Economic Studies* 24, no. 1(1956-57): 11-32.

11. Avinash Dixit, "Governance Institutions and Economic Activity,"*American Economic Review* 99, no. 1(2009): 5-24.

12. Thomas C. Schelling, *The Strategy of Conflict* (Cambridge, MA: Harvard University Press, 1960); Schelling, *Micromotives and Macrobehavior*(New York: W. W. Norton, 1978).

13. 关于实际应用的杰出讨论,参见 Avinash K. Dixit and Barry J. Nalebuff, *The Art of Strategy*(New York: W. W. Norton, 2008)。

14. Joseph E. Stiglitz and Andrew Weiss, "Credit Rationing in Markets with Imperfect Information,"*American Economic Review* 71, no. 3 (June 1981): 393-410.

15. Andrew Weiss, *Efficiency Wages: Models of Unemployment, Layoffs, and Wage Dispersion*(Princeton, NJ: Princeton University Press, 1990).

16. Itzhak Gilboa, Andrew Postlewaite, Larry Samuelson, and David

Schmeidler, "Economic Models as Analogies" (unpublished paper, January 27, 2013), 6–7.

17. 可参见2010年7月12—17日我和哈佛大学商学院教授Josh Lemer 在《经济学人》杂志上的在线讨论 http://www.economist.com/debate/debates/overview/177。

18. Carmen M. Reinhart and Kenneth S. Rogoff, *Growth in a Time of Debt*, NBER Working Paper 15639(Cambridge, MA: National Bureau of Economic Research, 2010).

19. Thomas Herndon, Michael Ash, and Robert Pollin, "Does High Public Debt Consistently Stifle Economic Growth? A Critique of Reinhart and Rogoff"(Amherst: University of Massachusetts at Amherst, Political Economy Research Institute, April 15, 2013).

20. R. E. Peierls, "Wolfgang Ernst Pauli, 1900-1958,"*Biographical Memoirs of Fellows of the Royal Society* 5(February 1960): 186.

21. Albert Einstein, "Physics and Reality,"in *Ideas and Opinions of Albert Einstein*, trans. Sonja Bargmann (New York: Crown, 1954), 290, cited in Susan Haack, "Science, Economics, 'Vision'", *Social Research* 71, no. 2(Summer 2004): 225.

第三章 如何选择模型

1. David Colander and Roland Kupers, *Complexity and the Art of Public Policy*(Princeton, NJ: Princeton University Press, 2014), 8.

2. Dani Rodrik, "Goodbye Washington Consensus, Hello

Washington Confusion?: A Review of the World Bank's Economic Growth in the 1990s: Learning from a Decade of Reform,"*Journal of Economic Literature* 44, no. 4(December 2006): 973-87.

3. Ricardo Hausmann, Dani Rodrik, and Andres Velasco, "Growth Diagnostics,"in *The Washington Consensus Reconsidered: Towards a New Global Governance*, eds. J. Stiglitz and N. Serra(New York: Oxford University Press, 2008).

4. 这一过程更详细的论述及来自许多国家的案例,可参见 Ricardo Hausmann, Bailey Klinger, and Rodrigo Wagner, *Doing Growth Diagnostics in Practice: A "Mindbook"*, CID Working Paper 177(Cambridge, MA: Center for International Development at Harvard University, 2008)。

5. Ricardo Hausmann, "*Final Recommendations of the International Panel on ASGISA*", CID Working Paper 161(Cambridge, MA: Center for International Development at Harvard University, 2008).

6. Ricardo Hausmann and Dani Rodrik, "Self-Discovery in a Development Strategy for El Salvador,"*Economia: Journal of the Latin American and Caribbean Economic Association* 6, no. 1(Fall 2005): 43—102.

7. Douglass C. North and Robert Paul Thomas, *The Rise of the Western World: A New Economic History* (Cambridge: Cambridge University Press, 1973).

8. Rochelle M. Edge and Refet S. Gürkaynak, *How Useful Are Estimated DSGE Model Forecasts?* Finance and Economics Discussion Series(Washington, DC: Divisions of Research & Statistics and Monetary

Affairs, Federal Reserve Board, 2011).

9. Barry Nalebuff, "The Hazards of Game Theory," *Haaretz*, May 17, 2006, http://www.haaretz.com/business/economy-finance/the-hazards-of-game-theory-1.187939. 亦见 Avinash Dixit and Barry Nalebuff, *Thinking Strategically: The Competitive Edge in Business, Politics, and Everyday Life*(New York: W. W. Norton, 1993), chap 1。

10. Santiago Levy, *Progress against Poverty: Sustaining Mexico's Progresa-Oportunidades Program* (Washington, DC: Brookings Institution, 2006).

11. *Mexico—PROGRESA: Breaking the Cycle of Poverty* (Washington, DC: International Food Policy Research Institute, 2002), http://www.ifpri.org/sites/default/files/pubs/pubs/ib/ib6.pdf.

12. Edward Miguel and Michael Kremer, "Worms: Identifying Impacts on Education and Health in the Presence of Treatment *Externalities*," *Econometrica* 72, no. 1(2004): 159–217.

13. Esther Duflo, Rema Hanna, and Stephen P. Ryan, "Incentives Work: Getting Teachers to Come to School," *American Economic Review* 102, no. 4(June 2012): 1241-78.

14. David Roodman, "Latest Impact Research: Inching towards Generalization," Consultative Group to Assist the Poor (CGAP), April 11, 2012, http://www.cgap.org/blog/latest-impact-research-inching-towards-generalization.

15. Joshua D. Angrist, "Lifetime Earnings and the Vietnam Era Draft Lottery: Evidence from Social Security Administrative Records," *A-

merican Economic Review 80, no. 3 June 1990): 313-36.

16. Donald R. Davis and David E. Weinstein, "Bones, Bombs, and Break Points: The Geography of Economic Activity,"*American Economic Review* 92, no. 5(2002): 1269-89.

17. David R. Cameron, "The Expansion of the Public Economy: A Comparative Analysis,"*American Political Science Review* 72, no. 4(December 1978): 1243-61.

18. Dani Rodrik, "Why Do More Open Economies Have Bigger Governments?"*Journal of Political Economy* 106, no. 5(October 1998): 997-1032.

19. Robert Sugden, "Credible Worlds, Capacities and Mechanisms" (unpublished paper, School of Economics, University of East Anglia, August 2008).

第四章 模型与理论

1. Andrew Gelman, "Causality and Statistical Learning,"*American Journal of Sociology* 117(2011): 955-66; Andrew Gelman and Guido Imbens, *Why Ask Why? Forward Causal Inference and Reverse Causal Questions*, NBER Working Paper 19614 (Cambridge, MA: National Bureau of Economic Research, 2013).

2. Dani Rodrik, "Democracies Pay Higher Wages," *Quarterly Journal of Economics* 114, no. 3(August 1999): 707-38.

3. Thomas Piketty, Emmanuel Saez, and Stefanie Stantcheva,

Optimal Taxation of Top Labor Incomes: A Tale of Three Elasticities, NBER Working Paper 17616(Cambridge, MA: National Bureau of Economic Research, 2011).

4. J. R. Hicks, "Mr. Keynes and the 'Classics': A Suggested Interpretation,"*Econometrica* 5, no. 2(April, 1937): 147-59.

5. John M. Keynes, " The General Theory of Employment,"*Quarterly Journal of of Economics* 51, no. 2(February 1937): 209–23, cited by J. Bradford DeLong in "Mr. Hicks and 'Mr Keynes and the "Classics": A Suggested Interpretation' : A Suggested Interpretation," June 20, 2010, http://delong. typepad. com/sdj/2010/06/mr-hicks-and-mr-keynes-and-the-classics-a-suggested-interpretation-a-suggested-interpretation. html.

6. Robert E. Lucas and Thomas Sargent, "After Keynesian Macroeconomics,"*Federal Reserve Bank of Minneapolis Quarterly Review* 3, no. 2(Spring 1979): 1–18.

7. John H. Cochrane, "Lucas and Sargent Revisited,"*The Grumpy Economist*(blog), July 17, 2014, http://johnhcochrane. blog spot. jp/2014/07/lucas-and-sargent-revisited. html.

8. Robert E. Lucas Jr. , "Macroeconomic Priorities,"*American Economic Review* 93, no. 1(March 2003): 1–14.

9. Robert E. Lucas, "Why a Second Look Matters"(presentation at the Council on Foreign Relations, New York, March 30, 2009), http://www. cfr. org/world/why-second-look-matters/p18996.

10. Holman W. Jenkins Jr. , "Chicago Economics on Trial"(inter-

view with Robert E. Lucas), *Wall Street Journal*, September 24, 2011, http://online.wsj.com/news/articles/SB10001424053111904194604576583382550849232.

11. Paul Krugman, "The Stimulus Tragedy,"*New York Times*, February 20, 2014, http://www.nytimes.com/2014/02/21/opinion/krugman-the-stimulus-tragedy.html.

12. J. Bradford DeLong and Lawrence H. Summers, "Fiscal Policy in a Depressed Economy," *Brookings Papers on Economic Activity*, Spring 2012, 233–74.

13. Edward P. Lazear and James R. Spletzer, "The United States Labor Market: Status Quo or a New Normal?"(paper prepared for the Kansas City Fed Symposium, September 13, 2012).

14. Scott R. Baker, Nicholas Bloom, and Steven J. Davis, "Measuring Economic Policy Uncertainty"(unpublished paper, Stanford University, June 13, 2013); Daniel Shoag and Stan Veuger, "Uncertainty and the Geography of the Great Recession"(unpublished paper, John F. Kennedy School of Government, Harvard University, February 25, 2014).

15. 数据来自 US Census Bureau; see "Income Gini Ratio for Households by Race of Householder, All Races,"FRED Economic Data, Federal Reserve Bank of St. Louis, http://research.stlouisfed.org/fred2/series/GINIALLRH#, accessed July 24, 2014。

16. The World Top Incomes Database, http://topincomes.parisschoolofeconomics.eu/#Database, accessed July 24, 2014.

17. Edward E. Leamer, *Wage Effects of a U. S. - Mexican Free Trade Agreement*, NBER Working Paper 3991(Cambridge, MA: National Bureau of Economic Research, 1992), 1.

18. Eli Berman, John Bound, and Zvi Griliches, "Changes in the Demand for Skilled Labor within US Manufacturing: Evidence from the Annual Survey of Manufacturers,"*Quarterly Journal of Economics* 109, no. 2(1994) : 367-97.

19. Robert C. Feenstra and Gordon H. Hanson, "Foreign Direct Investment and Relative Wages: Evidence from Mexico's Maquiladoras." *Journal of International Economics* 42(1997) : 371-94.

20. Frank Levy and Richard J. Murnane, "U. S. Earnings and Earnings Inequality: A Review of Recent Trends and Proposed Explanations,"*Journal of Economic Literature* 30 (September 1992) : 1333-81; John Bound and George Johnson, "Changes in the Structure of Wages in the 1980s: An Evaluation of Alternative Explanations,"*American Economic Review* 83 C June 1992) : 371-92.

21. Lawrence Mishel, John Schmitt, and Heidi Shierholz, "Assessing the Job Polarization Explanation of Growing Wage Inequality,"Economic Policy Institute, January 11, 2013, http: //www. epi. org/publication/wp295-assessing-job-polarization-explanation-wage-inequality.

22. Albert O. Hirschman, " The Search for Paradigms as a Hindrance to Understanding, "*World Politics* 22, no. 3 (April 1970) : 329-43.

第五章 当经济学家犯错时

1. Thomas J. Sargent, "University of California at Berkeley Graduation Speech," May 16, 2007, https://files.nyu.edu/ts43/public/personal/UC-graduation.pdfi.

2. Noah Smith, "Not a Summary of Economics," *Noahpinion* (blog), April 19, 2014, http://noahpinionblog.blogspot.com/2014/04/notsummary-of-economics.html; Paul Krugman, "No Time for Sargent," *New York Times* Opinion Pages, April 21, 2014, http://krugman.blogs.nytimes.com/2014/04/21/no-time-for-sargent/?module=BlogPost Title&version=Blog%20Main&contentCollection=Opinion&action=Click&pgtype=Blogs&region=Body.

3. Greg Mankiw, "News Flash: Economists Agree," February 14, 2009, *Greg Mankiw's Blog*, http://gregmankiw.blog spot.com/2009/02/news flash-economists-agree.html.

4. Richard A. Posner, "Economists on the Defensive—Robert Lucas," *Atlantic*, August 9, 2009, http://www.theatl antic.com/business/archive/2009/08/economists-on-the-defensive-robert-lucas/22979.

5. Robert Shiller, *Irrational Exuberance*, 2nd ed. (Princeton, NJ: Princeton University Press, 2005).

6. Raghuram G. Rajan, "The Greenspan Era: Lessons for the Future"(在堪萨斯联储于 2005 年 8 月 27 日在 Jachson Hole 举办的研讨会上的评论), https://www.imf.org/external/np/speeches/

2005/082705. htm; Charles Fergu-son, "Larry Summers and the Subversion of Economics. "*Chronicle of Higher Education*, October 3, 2010, http: //chronicle. com/article/Larry-Summersthe/124790。

7. Eugene F. Fama, "Efficient Capital Markets: A Review of Theorv and Empirical Work, " *Journal of Finance* 25, no. 2 (May 1970): 383-417.

8. Edmund L. Andrews, " Greenspan Concedes Error on Regulation, " *New York Times*, October 23, 2008, http://www. nytimes. com/2008/10/24/business/economy/24panel. html_r = 0.

9. John Williamson, " A Short History of the Washington Consensus " (paper commissioned by Fundación CIDOB for the conference"From the Washington Consensus towards a New Global Governance, "Barcelona, September 24-25, 2004).

10. Dani Rodrik, " Goodbye Washington Consensus, Hello Washington Confusion?: A Review of the World Bank's *Economic Growth in the 1990s: Learning from a Decade of Reform*, "*Journal of Economic Literature* 44, no. 4(December 2006): 973-87.

11. Dani Rodrik, "Getting Interventions Right: How South Korea and Taiwan Grew Rich, "*Economic Policy* 10, no. 20(1995): 53-107: Rodrik, "Second-Best Institutions, "*American Economic Review* 98, no. 2 (May 2008): 100-104.

12. Stanley Fischer, "Capital Account Liberalization and the Role of the IMF, " September 19, 1997, https://www. imforg/extemal/np/speeches/1997/091997. htm#1.

13. "The Liberalization and Management of Capital Flows: An Institutional View,"International Monetary Fund, November 14, 2012, http://www.imf.org/external/np/pp/eng/2012/111412.pdf.

14. Edward López and Wayne Leighton, *Madmen, Intellectuals, and Academic Scribblers: The Economic Engine of Political Change*(Stanford, CA: Stanford University Press, 2012).

15. Francisco Rodríguez and Dani Rodrik, "Trade Policy and Economic Growth: A Skeptic's Guide to the Cross-National Evidence."in *Macroeconomics Annual* 2000, eds. Ben Bernanke and Kenneth S. Rogoff (Cambridge, MA: MIT Press for NBER, 2001).

16. Mankiw, "News Flash: Economists Agree."

17. Mark R. Rosenzweig and Kenneth I. Wolpin, "Natural 'Natural Experiments' in Economics," *Journal of Economic Literature* 38, no. 4 (December 2000): 827–74.

18. Dani Rodrik, *The Globalization Paradox: Democracy and the Future of the World Economy*(New York: W. W. Norton, 2011), chap. 6. 也可参见 Rodrik, "In Praise of Foxy Scholars,"Project Syndicate, March 10, 2014, http://www.project-syndicate.org/commentary/dani-rodrik-on-the-promise-and-peril-of-social-science-models。

第六章 经济学及其批评

1. David Colander, Richard F. Holt, and J. Barkley Rosser, "The Changing Face of Mainstream Economics,"*Review of Political Economy*

16, no. 4(October 2004): 487.

2. 关于经济学家和人类学家之间不同视角的概述, 可参见 Pranab Bardhan and Isha Ray, *Methodological Approaches in Economics and Anthropology*, Q-Squared Working Paper 17(Toronto: Centre for International Studies, University of Toronto, 2006)。

3. 关于这一研究的样本, 参见 Samuel Bowles, "Endogenous Preferences: The Cultural Consequences of Markets and Other Economic Institutions," *Journal of Economic Literature* 26(1998): 75–111; George A. Akerlof and Rachel E. Kranton *Identity Economics: How Our Identities Shape Our Work, Wages, and Well-Being*(Princeton, N. J: Princeton University Press, 2010); Alberto Alesina and George-Marios Angeletos, "Fairness and Redistribution," *American Economic* Review 95, no. 4 (2005): 960-80; Alberto Alesina, Edward Glaeser, and Bruce Sacerdote, "Why Doesn't the United States Have a European-Style Welfare State?" *Brookings Papers on Economic Activity*, no. 2(2001): 187–254; Raquel Fernandez, "Cultural Change as Learning: The Evolution of Female Labor Force Participation over a Century," *American Economic Review* 103, no. 1 (2013): 472 – 500; Roland Bénabou, Davide Ticchi, and Andrea Vindigni, "Forbidden Fruits: The Political Economy of Science, Religion, and Growth"(unpublished paper, Princeton University, December 2013)。

4. Neil Gandal et al., "Personal Value Priorities of Economists," *Human Relations* 58, no. 10(October 2005): 1227 – 52; Bruno S. Frey and Stephan Meier, "Selfish and Indoctrinated Economists?" *European*

Journal of Law and Economics 19(2005): 165-71.

5. Michael J. Sandel, "What Isn't for Sale?" *Atlantic*, April 2012, http://www.theatlantic.com/magazine/archive/2012/04/what-isnt-for-sale/308902. See also Sandel, *What Money Can't Buy: The Moral Limits of Markets* (New York: Farrar, Straus and Giroux, 2012).

6. Uri Gneezy and Aldo Rustichini, "A Fine Is a Price," *Journal of Legal Studies* 29, no. 1 (January 2000): 1-17; Samuel Bowles, "Machiavelli's Mistake: Why Good Laws and No Substitute for Good Citizens" (unpublished manuscript, 2014).

7. Sandel, "What Isn't for Sale?"

8. Albert O. Hirschman, *The Passions and the Interest: Political Arguments for Capitalism before Its Triumph* (Princeton, NJ: Princeton University Press, 1977); 亦参见 Hirschman, "Rival Interpretations of Market Society: Civilizing, Destructive, or Feeble?" *Journal of Economic Literature* 20 (December 1982): 1463-84。

9. Dani Rodrik, "Occupy the Classroom," *Project Syndicate*, December 12, 2011, http://www.project-syndicate.org/commentary/occupy-the classroom.

10. Simon Wren-Lewis, "When Economics Students Rebel," "Mainly Macro (blog), April 24, 2014, http://mainlymacro.blogspot.CO.uk-2014-04-when=economocs=students=rebel.html.

11. Herbert A. Simon, "A Behavioral Model of Rational Choice," *Quarterly Journal of Economics* 69 (February 1955): 99-118; Richard R. Nelson and Sidney G. Winter, *An Evolutionary Theory of Economic*

Change (Cambridge, MA: Belknap Press of Harvard University Press, 1982).

12. Daniel Kahneman, Paul Slovic, and Amos Tversky, *Judgement under Uncertainty: Heuristics and Biases* (Cambridge: Cambridge University Press, 1982).

13. Werner F. M. De Bondt and Richard Thaler, "Does the Stock Market Overreact?" *Journal of Finance* 40, no. 3(1985): 793–805.

14. David Laibson, "Golden Eggs and Hyperbolic Discounting," *Quarterly Journal of Economics* 112, no. 2 (1997): 443–77; Brigitte C. Madrian and Dennis F. Shea, "The Power of Suggestion: Inertia in 401(k) Participation and Savings Behavior," *Quarterly Journal of Economics* 116, no. 4(2000): 1149–87; Jeffrey Liebman and Richard Zeckhauser, *Simple Humans, Complex Insurance, Subtle Subsidies*, NBER Working Paper 14330(Cambridge, MA: National Bureau of Economic Research, 2008); Esther Duflo, Michael Kremer, and Jonathan Robinson, *Nudging Farmers to Use Fertilizer: Theory and Experimental Evidence from Kenya*, NBER Working Paper 15131(Cambridge, MA: National Bureau of Economic Research, 2009).

15. 可参见 Angus Deaton, "Instruments of Development: Randomization in the Tropics, and the Search for the Elusive Keys to Economic Development"(Research Program in Development Studies, Center for Health and Wellbeing, Princeton University, January 2009)。

16. Daron Acemoglu, Simon Johnson, and James A. Robinson, "The Colonial Origins of Comparative Development: An Empirical Invesitga-

tion," *American Economic Review* 91, no. 5 (December 2001): 1369–1401.

17. 对此研究的综述可参见 Daron Acemoglu and James Robinson, *Why Nations Fail: The Origins of Power, Prosperity, and Poverty* (New York: Crown, 2012)。

18. Binyamin Appelbaum, "Q. and A. with Jean Tirole, Economics Nobel Winner," *New York Times*, October 14, 2014 (http://www.nytimes.com/2014/10/15/upshot/q-and-a-with-jean-tirole-nobel-prize-win-ner.html?r=0&abt=0002&abg=O).

19. 也可参见相关论文,如 Paul Rabinow and William M. Sullivan, eds., *Interpretive Social Science: A Second Look* (Berkeley: University of California Press, 1987)。